R

NOTION DE L'HOMME

TIRÉE DE LA

NOTION DE DIEU.

FRAGMENT DU LIVRE

DE

L'UNITÉ SPIRITUELLE,

OU DÉMONSTRATION PHILOSOPHIQUE

de la

THÉORIE DE LA SOCIÉTÉ,

QUI DOIT PARAITRE A

PARIS,

PITOIS-LEVRAULT, LIBRAIRE-ÉDITEUR,

rue de La Harpe, 81.

M DCCC XXXIX.

Ne se vend pas.

NOTION DE L'HOMME

TIRÉE DE LA

NOTION DE DIEU.

Lyon, impr. de Louis Perrin, r. d'Amboise, 6.

NOTION DE L'HOMME

TIRÉE DE LA

NOTION DE DIEU.

FRAGMENT DU LIVRE

DE

L'UNITÉ SPIRITUELLE,

OU DÉMONSTRATION PHILOSOPHIQUE

de la

THEORIE DE LA SOCIÉTÉ,

QUI DOIT PARAITRE A

PARIS,

PITOIS-LEVRAULT, LIBRAIRE-ÉDITEUR,

rue de La Harpe, 81.

M DCCC XXXIX.

AVERTISSEMENT.

Quelques personnes m'ont fait ressouvenir que nous approchions de l'époque où mon travail avait été promis. La fatigue m'obligeant de ralentir un peu la marche de l'impression, je ne puis, en ce moment, leur témoigner ma reconnaissance de l'intérêt qu'elles veulent bien accorder à cette publication, qu'en détachant un Fragment que je les prie de vouloir agréer : il forme le xve chapitre du Livre II. J'ai été engagé à donner ce chapitre, parce que c'est celui qui se trouve sous presse en ce moment, et qu'il m'a été aisé d'en faire tirer quelques exemplaires à part. Un autre motif m'y a décidé : ce Fragment renferme une notion de l'homme tirée de la notion de Dieu, et qui nous explique la situation du cœur de l'homme, enfermé en ce monde ; cette pensée a été pour moi une source de consolation, et j'ai désiré que ceux qui s'intéressent déjà aux résultats d'une telle étude, partagent cette pensée avec moi.

Un tiers de l'ouvrage est imprimé ; mais nous pouvons aujourd'hui en donner le plan tout entier, quoique la dernière partie ne soit pas entièrement achevée. Notre objet était d'abord de savoir : Quel est l'état naturel de l'homme dans le temps ? et si cet état se trouvait être la Société, de déterminer d'après la nature de l'homme : Quelle doit être la nature de la véritable Société ? puis, connaissant ainsi la Société pure, de chercher : Quel est le but de la Société dans le plan de la création ? Avant de suivre ces questions, il fallait bien savoir ce que c'est réellement que la Société, et quel est le principe constitutif de son existence. Or, comme Rousseau avait été conduit à donner pour titre à son ouvrage sur la Société, le nom même de ce qui lui en avait paru le principe générateur, c'est-à-dire, un contrat social ; de même aussi, nous avons été amené à prendre pour titre de notre étude sur la Société, le nom de ce qui nous en a paru, à nous, le véritable principe générateur, c'est-à-dire, une unité spirituelle. De là, ce titre se présentait naturellement :

De L'UNITÉ SPIRITUELLE, ou *Démonstration philosophique* de la THÉORIE DE LA SOCIÉTÉ.

Notre travail s'ouvre par des *Prolégomènes*, dans lesquels nous avons cherché quel est la méthode que l'on doit suivre dans les sciences morales, par opposition à la méthode que l'on suit dans les sciences physiques. Le corps de l'ouvrage se trouve ensuite divisé, par la nature des objets qu'il renferme, en huit Livres. Ces huit Livres sont eux-mêmes divisés en plusieurs chapitres, et à la suite de chacun de ces chapitres nous avons eu soin d'ajouter un Sommaire analytique, ainsi qu'on le verra dans celui-ci.

ANT. BLANC ST. BONNET.

VOICI LES

TITRES DES HUIT LIVRES.

LIVRE I.

Quel est l'état naturel de l'homme ?

LIVRE II.

Des éléments de la nature de l'homme.

LIVRE III.

Des conditions de l'existence de l'homme.

LIVRE IV.

De l'origine chronologique de la Société.

LIVRE V.

De l'origine logique de la Société.

LIVRE VI.

Du lien spirituel de la Société.

LIVRE VII.

Du lien matériel de la Société.

LIVRE VIII.

Du lien artificiel de la Société.

NOTION DE L'HOMME

TIRÉE DE LA

NOTION DE DIEU.

CHAPITRE XV DU LIVRE II.

Jusqu'a présent nous n'avons fait, en quelque sorte, que l'anatomie de l'homme spirituel. Pour la facilité de l'intelligence, il fallait que la nature humaine fût ainsi divisée jusques en ses principes indécomposables, afin que chacune de ses parties pût être considérée isolément. C'est la marche que l'on suit pour l'étude des corps organisés, comme pour l'étude des corps bruts, comme pour tous les objets que l'on veut soumettre à une véritable investigation; c'est ainsi enfin que procède universellement la science. La nature de l'esprit humain exige qu'avant de nous élever à la conception du tout, nous passions par la connaissance des parties qui le constituent.

Mais une fois cette première opération achevée, on

n'a pour tout résultat, que des abstractions, des propriétés spéciales, des organes épars, et non point un être réel et complet. Il est nécessaire alors de réunir ces parties détachées, et de les reconstituer dans leur état véritable, pour que l'être étudié dans ses éléments, reparaisse dans son ensemble, c'est-à-dire, tel qu'il est dans la réalité. Toute analyse décomposant le tout primitif, demande une synthèse qui le recompose ; toute anatomie demande une physiologie qui rattache la multitude des organes à leur centre commun d'activité, à leur cause inervatrice.

Et, en effet, nous ne connaissons que des éléments pris dans la nature humaine ; nous ne connaissons que des facultés spéciales de l'homme, mais non point encore l'homme tel qu'il existe, tel qu'il agit, tel en un mot qu'il vit dans la création. Nous savons, par exemple, ce que c'est que la raison, et quels sont ses résultats ; ce que c'est que la volonté, et quels sont ses produits ; ce que c'est que l'intelligence, et quelles sont les diverses fonctions qu'elle exécute pour l'usage de la raison ; ce que c'est que le corps, et quels sont les divers mouvements qu'il opère pour le service de la volonté : mais la raison et la volonté sont de l'homme et ne sont point l'homme ; l'intelligence et le corps sont à l'homme et ne sont point l'homme. Or, si la raison, la volonté, l'intelligence, et le corps ne sont que les diverses facultés de l'homme, où donc est l'homme ?...

Car il faut bien que ces parties forment un tout ; il faut bien que ces quatre organes fondamentaux se rattachent à un centre auquel ils se rapportent et qui en soit comme le tronc ? Ce tronc ne sera-t-il pas l'homme lui-même, c'est-à-dire, cet être doué de la raison, de la volonté, de l'intelligence et d'un corps ? Par conséquent, si nous trouvons le centre où viennent se rattacher la raison et la volonté, l'intelligence et le corps ; si nous trouvons la cause qui les meut, les vivifie et les emploie à son usage, ne posséderons-nous pas, non plus seulement un ensemble de fonctions isolées, mais un tout organisé complet, une unité où chacune des fonctions précédemment examinées, concourant à son but, constituerait enfin l'être appelé homme ?

Puisque le point où viennent converger la raison et la volonté, l'intelligence et le corps, doit être non-seulement 1° le centre auquel ces diverses facultés se rattachent, 2° la cause inervatrice de leur activité, mais encore le but pour lequel ces facultés ont été faites, et la partie à laquelle toutes les autres parties ont été appropriées comme moyens ; puisqu'en un mot ce point doit être le fond même de l'homme : pour découvrir la nature et les propriétés de cette partie centrale, il faudrait donc déterminer ce qu'est l'homme, non, ainsi que nous l'avons fait, dans ses facultés apparentes, dans ses organes de relation avec le temps, mais en lui-même et dans son essence.

Or, pour déterminer l'essence de l'homme, pour connaître non plus les facultés dont il se sert ici-bas, mais sa nature dans son rapport avec l'Absolu, il ne s'agirait pas de savoir comment il se fait qu'un être fini, qu'un être non essentiel puisse subsister réellement,

(quand il semble que l'être absolu devrait seul naturellement exister), mais de savoir de quelle existence peut subsister cet être spirituel exilé de la Réalité infinie ; de savoir ce qu'il peut faire au milieu de ce monde; pourquoi il y est ; et enfin quelle est la situation dans laquelle il s'y trouve, lui être créé, être conditionnel, ainsi éloigné de la source de son existence.

Maintenant, pour savoir de quelle existence peut vivre une pauvre créature spirituelle finie et subordonnée, une créature privée de toute puissance conservatrice, n'ayant point en elle la source de sa joie, dénuée de tout ce par quoi elle pourrait se suffire, enfin, de tout ce qui fait de Dieu une existence infinie, complète et bienheureuse, nous n'avons pas d'autre moyen que de partir encore des lois nécessaires et essentielles de la Réalité. Car il faut bien avoir la notion de l'existence absolue, pour pouvoir observer ce qui reste de l'être à celui qui est privé de cette existence absolue, et ce que devient alors son existence relative; il faut bien avoir la notion de l'existence absolue, pour pouvoir connaître la situation dans laquelle il se trouve, lui être fini et subordonné, par rapport à l'existence absolue, sans laquelle cependant il ne subsisterait point.

D'ailleurs, n'est-ce pas une loi reconnue en physiologie, que, dans l'étude de toute génération, il faille considérer tout à la fois l'être qui procrée et la procréation ; mais qu'avant l'être procréé, il faille examiner d'abord l'être qui le procrée ? Eh ! pour connaître l'homme dans son essence, n'est-il pas tout naturel d'étudier en Dieu, le type de l'homme créé à l'image de Dieu !

Mais avant de parler de la nature positive de Dieu, excusons-nous humblement de la liberté qu'ose prendre une de ses créatures, de lever les yeux de son esprit sur celui que les Cieux n'adorent qu'en tremblant ! Peut-être y aurait-il un sacrilége plus réel dans cet attouchement de Dieu par l'esprit de l'homme, que dans celui de ses mortelles mains, si nous ignorions que ce créateur ne nous donna la raison que pour le connaître et pour lire dans sa sagesse les lois de notre vie, afin que nous nous éclairions nous-mêmes sur notre destination, et conséquemment sur le but que nous devons atteindre. Oui, il n'y a que cette considération qui puisse nous faire vaincre le tremblement dont notre âme est saisie lorsqu'il s'agit d'étudier la nature de Dieu avec cette même intelligence qui ébauche déjà si grossièrement la science de ses œuvres.

Nous savons que Dieu est celui qui est par lui-même, ou tout simplement, l'Être. Mais, avant tout, ne nous laissons pas étourdir par les mots ; voyons de suite jusqu'où peut aller l'intelligence dans la conception de l'être. Et d'abord, nous n'ignorons pas que l'homme ne peut concevoir l'être en lui-même, puisque ce serait concevoir Dieu ; que concevoir Dieu, ce serait le posséder, et que notre existence dans ce monde consiste précisément dans la privation momentanée de la possession de Dieu. Néanmoins, nous avons aussi remarqué que tout être a ses éléments, qu'il est doué de ses attributs, et qu'il repose sur des conditions d'existence : nous les avons comptées pour la matière, comptées pour l'esprit, ou du moins en partie ; pour Dieu, nous pouvons également les recueillir dans sa double création, où il en a certainement manifesté quelques unes.

Nous savons, par exemple, d'après l'étude du monde physique, que Dieu est la toute-puissance, la toute-sagesse, et la Réalité absolue; comme nous savons, d'après l'étude du Monde moral, qu'il est la toute-beauté, la toute-justice et l'amour absolu. Mais non-seulement Dieu possède à l'infini ces éléments et ces conditions de l'être; il est encore la réunion et l'identification infinies de tous les attributs connus et inconnus de l'être [1]. Dieu nous apparaît comme l'être par excellence, comme LA RÉALITÉ.

Or, peut-être joindrons-nous au sens que possède déjà cette notion rationnelle des explications qui dévoileront quelque propriété fondamentale de l'être, et qui nous en donneront en quelque sorte une connaissance plus scientifique; mais il ne faut pas espérer que l'on puisse descendre plus avant dans cette conception : l'être ne se voit pas en dedans.

Nous ne pensons donc pas qu'il soit possible d'ajouter ontologiquement à la notion de l'être un sens plus profond que celui qu'elle possède dans la raison humaine. Toutefois, si la raison ne peut agrandir le cercle visuel de son intuition, le raisonnement peut toujours tirer les conséquences renfermées dans cette notion; c'est ce que nous allons lui faire faire.

---

[1] Voir dans le dernier volume de cet ouvrage, au livre VI, la note de la quatrième page du chapitre 8, intitulé : *L'humanité ayant été divisée pour aimer, la Société n'est-elle pas la recomposition, par le moyen de l'amour, de l'unité du genre humain ?*

Premièrement, nous déterminerons la notion de l'existence absolue ;

Secondement, nous tirerons la notion de l'homme de cette notion de Dieu ;

Troisièmement, nous observerons quelle est, d'après cela, la position de l'homme dans ce monde.

I. Dieu est la Réalité infinie, éternelle, complète. Renfermant toute substance, il se suffit pleinement à lui-même, il est l'inépuisable et éternelle source de sa félicité. Car la félicité naît de la nature même de Dieu, elle est le fruit de sa constitution infinie. Nous allons voir comment :

Le bonheur consiste dans la possession de ce qu'on appelle le bien ; et le bien, c'est la possession de l'être. Aussi, par opposition, le mal n'est-il, pour un être, que la privation d'une partie de l'être que comportait sa nature. Tout être jouit à mesure que la santé lui rend la vie qui lui échappait ; tout être souffre à mesure que la maladie lui enlève la vie qui lui appartenait.

Si le bonheur consiste dans la possession du bien, et, si le bien est la possession de l'être, celui qui possède la plénitude de l'être se trouve conséquemment dans la plénitude de la félicité. De plus, la possession de tout l'être que comporte une nature, constitue pour elle la perfection ; et la perfection est, pour un être, le bien par excellence. Maintenant, si Dieu renferme la substance infinie, il possède donc la perfection infinie ; s'il possède la perfection infinie, il possède le bien infini ;

s'il possède le bien infini, il possède la félicité infinie. [1]

Alors, pour que Dieu fût privé de la félicité, il faudrait qu'il fût privé de la perfection; pour qu'il fût privé de la perfection, qu'il fût privé de quelque chose de l'être; et s'il était privé de quelque chose de l'être, il ne serait point infini. Or, il ne peut pas ne pas être infini, puisque si quelque part en lui l'être faisait défaut, il deviendrait sujet à la dissolution, et que l'idée de dissolution est ici contradictoire, puisqu'il s'agit de l'Être nécessaire, essentiel, indestructible.

Ce n'est pas tout. Dieu étant nécessairement infini, est nécessairement heureux. Car le bonheur étant la possession de l'être que comporte une nature, et la nature divine comportant l'infini, le bonheur infini est, par conséquent, l'état nécessaire de Dieu, sa vie naturelle. Dieu, c'est la grande joie; il n'a besoin pour être infiniment heureux, que de la complète possession de lui-même.

Si le bonheur doit nécessairement éclater dans l'Être infini parce qu'il contient toute substance, le bonheur est donc l'état naturel, la manière d'être pure et simple de l'Existence absolue. Le bonheur est l'état de l'Être. Il résulte de l'être comme la clarté du rayon; comme la pesanteur de la matière; le bonheur est en un mot

---

[1] La perfection n'est pas une qualité spéciale de Dieu, un attribut tout distinct au milieu de sa nature, comme la sagesse, la justice, la puissance : la perfection, c'est l'état général de son être, elle tient à sa nature infinie. Dire que Dieu est parfait, qu'il est infini, qu'il est absolu, qu'il existe par lui-même, c'est dire la même chose : car il n'est parfait que parce qu'il est infini, il n'est infini que parce qu'il est absolu, il n'est absolu que parce qu'il existe par lui-même. Voilà sans doute pourquoi SPINOSA disait : *La perfection n'est que la Réalité.*

la propriété universelle, inhérente, inséparable de la Réalité.

Or, l'existence de Dieu ne repose point sur une inerte fatalité ; Dieu ne s'endort point, semblable à la matière, sur une puissance étrangère qui lui impose l'existence : son existence au contraire, découle entièrement de lui ; elle est le produit continuel de son intarissable causalité. Et l'on peut dire que sa vie prend tellement sa source en lui-même, que (s'il est permis d'avancer une hypothèse impossible) Dieu s'anéantirait, s'il venait à suspendre l'acte éternel de son engendrement spontané.

Ainsi, il y a dans Dieu, comme dans tous les êtres, un principe de vie. Ce principe de vie n'est rien moins que la puissance d'embrasser l'infini et de le ramener à l'unité. En effet, tout être repose sur une ou plusieurs conditions de l'existence, selon qu'il s'élève dans l'échelle des êtres ; mais Dieu, comme être absolu, possède l'ensemble des conditions de l'existence. Eh bien, en Dieu, toutes ces conditions de l'existence, c'est-à-dire toutes les propriétés de l'être, [saisies d'une mutuelle attraction, se portent incessamment les unes vers les autres pour rentrer dans leur ineffable identité. Cette identité fait que ces propriétés de l'être se retrouvent toutes à la fois dans chacune ; et, comme le bonheur résulte de la complète possession de l'être, il faut donc que les innombrables puissances de l'infini soient les unes dans les autres comme une seule puissance ; qu'elles s'attirent et se concentrent toutes, au gré de leur mutuelle inclination, pour se pénétrer avec félicité ! De cette manière, l'existence éternelle se comprend, se sent vivre, et jouit du bonheur dans toute l'étendue de son être.

Aussi, loin de rester immobile en lui-même, Dieu est centre vital sur tous les points de son être ; et sous son action universelle, les substances infinies se meuvent délicieusement les unes dans les autres, comme un concert dont les joies retentissent d'éternité en éternité, dans toutes les sphères de l'infini. Cette puissance, par laquelle les propriétés, les vertus et les substances essentielles s'attirent et pénètrent ainsi les unes dans les autres, comme une seule substance ; cette puissance, qui n'est autre chose que l'attraction divine, est ce qu'on appelle L'AMOUR. L'amour est le mouvement de l'être vers l'être.

De sorte que l'amour, qui est le mouvement naturel de l'être vers l'être, est tout à la fois en Dieu, le principe de la vie et le principe du bonheur. C'est par l'amour que Dieu rassemble, sous sa puissante unité, les divines substances de la Réalité, et qu'il les embrâse de l'inervation éternelle. Le bonheur est en raison de l'amour. Et comme Dieu ne peut perdre une partie de sa félicité, un seul point de son être ne peut échapper à cette vivification universelle ; par conséquent, son amour, qui est le lien de toutes ces divines substances, ne peut pas ne pas être infini comme ces substances elles-mêmes. Sur les limites de son amour, Dieu trouverait les limites de son être ; or, son être ne peut avoir de bornes : telle est l'immensité de l'amour. Maintenant, jugez de quelle énergie doit être douée la puissance qui, embrassant l'infini, le ramène harmonieusement à l'unité : telle est la puissance de l'amour.

Comme, dans le corps humain, un battement du cœur envoie le fluide nutritif jusque dans les plus petites extrémités des organes; de même, le mouvement vital, dans l'être absolu, consiste à s'embrasser dans toute l'étendue de sa substance infinie. Toute substance, par cela qu'elle est divine, conspire à rentrer dans l'éternelle et enivrante unité; c'est-à-dire que toute substance, par cela qu'elle est divine, est entraînée, par son mouvement naturel d'amour, à se plonger dans le foyer de l'être; et comme le bonheur est dans cette plénitude de l'être possédant l'être, la tendance à embrasser l'infini, ce mouvement éternel vers la vie absolue, n'est que le battement de cœur naturel de la Divinité.

En sorte que l'éternité et l'indestructibilité de Dieu viennent de ce qu'il est un, et de ce qu'il renferme dans cette unité les universelles conditions de l'existence. Or il possède toutes les conditions de l'existence, parce que sa suprême puissance d'identification ramène l'infini dans son sein; et il retire ainsi dans son sein toutes les substances de l'infini, parce qu'un mouvement irrésistible d'amour les porte toutes à se pénétrer les unes dans les autres; et elles se pénètrent toutes les unes les autres, dans cette ineffable communion, parce qu'elle est le foyer des éternelles voluptés. Par son amour, Dieu est perpétuellement en lui-même la cause de son bonheur comme de l'éternité de son existence.

Ainsi, pour que l'existence absolue se détruisît, il faudrait qu'elle consentît à repousser la sainte et éternelle envie qu'elle a de sa félicité ; et pour qu'elle voulût s'exposer à la souffrance, il faudrait qu'elle détachât en elle l'être de l'être ; et pour qu'elle détachât en elle l'être de l'être, il faudrait qu'elle suspendît l'amour nécessaire qui émane en elle de toute substance et porte l'être vers l'être, c'est-à-dire, qu'elle anéantît la sublime et éternelle sexualité de son essence.

Or, comme l'essence d'une chose est ce qui la constitue telle qu'elle est en soi ; et comme l'amour, qui constitue la substance infinie, est dans son essence même ; qu'il est à la substance divine ce que l'attraction est à la matière, la substance infinie ne peut anéantir l'amour en elle sans s'anéantir elle-même. Et elle ne peut s'anéantir elle-même, puisqu'il est contradictoire que l'être par excellence, que ce par qui tout existe, que ce qui ne peut pas ne pas exister, que ce qui est précisément le contraire du néant, soit aussi le néant. « Dieu, dit S. Paul, ne peut pas être contraire à lui-même. »

Donc Dieu s'aime ; et s'il s'aime, toutes les substances de l'infini sont réunies en lui dans une ineffable identité ; et si en lui toutes les substances de l'infini se possèdent mutuellement et à la fois dans leur universelle identité, elles possèdent la félicité infinie ; et si elles possèdent dans cette union la félicité infinie, le mouvement naturel de Dieu consiste à s'emparer de l'infini : ce que nous appellerons le mouvement naturel de l'être à la vie absolue, ou au bonheur.

En sorte que Dieu, pour jouir de sa félicité, n'a besoin que de la complète possession de lui-même ;

pour se posséder lui-même, il n'a qu'à s'abandonner à l'action unitive de l'amour, propriété inhérente, inséparable de sa substance; et l'amour opère l'identité des universelles substances, d'où s'exhale l'éternelle joie, qui est la vie divine. L'amour, ou le mouvement à la vie absolue, est ainsi la propriété la plus essentielle de l'être, celle sur laquelle toutes les autres reposent. Car, si le bonheur, ou la vie divine, repose sur l'union de l'être, et si l'union de l'être repose sur l'amour, l'amour est donc le principe constitutif de l'être, ce que nous appellerions, s'il s'agissait d'une créature : La loi fondamentale de son existence.

Ainsi pour résumer, Dieu, comme tout être, a son essence, sa nature et sa vie; puis le principe constitutif qui appartient à son essence, sur lequel repose sa nature, et duquel découle sa vie. Or, l'essence de Dieu, c'est la Réalité; sa nature, c'est l'Infinité; sa vie, c'est la Félicité; et son principe constitutif, c'est l'Amour;

Ou plutôt, amour, félicité, infinité, réalité, toutes expressions qui se rapportent à Dieu, n'expriment qu'une même chose : l'Existence absolue. Seulement, le bonheur repose sur la réalité, la réalité sur l'infinité, l'infinité sur l'amour, et l'amour sur la soif de l'être pour l'être, c'est-à-dire sur l'amour. Ici le cercle est infini : il n'y a que l'amour qui, dérivant de l'amour, engendre et ne soit point engendré. L'amour est la cause des causes, lui-même sans cause. Il est en Dieu ce que nous appellerions, s'il s'agissait d'une créature : La cause première de son existence.

Mais, pendant que nous y sommes, il resterait, pour compléter cette sublime notion, à faire une observation importante : Si pour exprimer les différents attributs de la Réalité essentielle, nous avons employé quelques fois le mot *propriété*, qui appartient à la matière, ce n'est absolument que pour nous rendre compte de la nature divine par des idées déjà familières avec notre intelligence. On conçoit bien que s'il existe trois natures aussi incomparables entre elles que celles de Dieu, celle de l'Homme et celle de la Matière, la même notion ne peut servir à les expliquer toutes trois ! La matière est une chose inerte, l'homme une créature active, et Dieu une cause incréée; il y a bien de la différence. En effet, la nature de Dieu est d'engendrer, ou de produire la substance; la nature de l'homme est d'agir, ou de produire des actes; et la nature de la matière est de n'avoir que des manières d'être passives. Ainsi :

La matière n'agit ni n'existe par elle-même ; alors ses différentes manières d'être ne sont que des *propriétés*, qui se comportent en elle avec fatalité.

L'homme n'existe point par lui-même, mais il agit par lui-même ; alors ses différentes manières d'agir sont des *facultés*, qu'il exerce avec imputabilité.

Dieu, au contraire, existe et agit à la fois par lui-même; alors toutes ses manières d'exister et toutes ses manières d'agir ont leur source en son être. Or, le pouvoir de se posséder ainsi, et de trouver en soi le principe de sa substance et de ses actes, ne constitue-t-il pas la *personnalité?*

C'est pourquoi, de même que dans la nature humaine nous avons substitué le mot *faculté* à celui de *propriété*, de même, dans la nature Divine, ne faut-il pas substituer le mot *personnalité* aux deux autres ?

La *Propriété* exprime donc une force au pouvoir d'une cause étrangère ; ainsi, les différentes manières d'être de la matière, comme l'inertie, l'impénétrabilité, l'affinité, l'étendue, la porosité, sont des propriétés.

La *Faculté* exprime donc une force qui s'appartient et trouve en elle sa propre cause ; ainsi, les différentes manières d'agir de l'âme, comme la raison, l'intelligence, la volonté, l'amour, sont ses facultés.

La *Personnalité*, enfin, exprime donc une puissance complète en soi et qui se suffit à elle-même ; aussi, les différents attributs de la Divinité, comme la réalité, la perfection et la félicité ; la vérité, la justice et la beauté ; la puissance, la sagesse et l'amour, sont ses Personnes.

Car la Personne, dans sa véritable acception philosophique, signifie l'être complet en lui-même, absolu, indépendant. Ce n'est que par extension que nous avons appliqué ce mot à la créature spirituelle pour exprimer son indépendance de la matière, et sa position comme être moral au milieu de son petit domaine de liberté et d'inviolabilité). Or, comme Dieu peut être complet, absolu, et se suffire à lui-même sur tous les points de son être ; puisqu'il n'en est pas un dans lequel il ne se pénètre de toute sa substance, par conséquent, de toute sa puissance et de toute sa félicité, il ne peut donc y avoir en Dieu que de véritables Personnes.

Ainsi, tout être a ses manières d'être, mais Dieu ne peut

avoir de manière d'être sans y porter toute sa divinité ; par conséquent, sans en faire une Personnalité infinie. Alors, comme il n'est pas un point de son être qui ne soit absolu, infini en lui-même; pas un attribut de son être, dans lequel il ne trouve le principe de sa substance et de ses actes ; pas un attribut qui ne soit doué, en un mot, d'une sexualité complète, et qui ne puisse par conséquent se suffire à lui-même ; il n'est donc pas un point de son être, dans lequel Dieu ne puisse établir son centre, pas un point de son être, dans lequel il ne puisse placer son moi. Et, s'il n'est pas un point de son être, pas un attribut dans lequel il ne puisse placer son moi, il doit donc y avoir en Dieu pluralité de Personnes infinies.

Cependant, comme chaque élément de la Réalité veut jouir de l'étendue infinie de l'être, comme toutes ces Personnes se portent les unes vers les autres par suite de l'amour éternel dont elles sont nécessairement embrâsées, elles ne forment toutes qu'un seul être. De sorte que, si Dieu, par son innombrable quantité d'attributs, est la diversité infinie, il est aussi, par son ineffable amour, l'unité et l'identité infinies. L'essence divine, tout au milieu de ses splendides variétés, reste toujours une, toujours identique à elle-même.

Mais, pour arriver à cette identité sublime, les innombrables attributs de la Réalité ne doivent-ils pas, en rentrant les uns dans les autres, être ramenés à des Personnes fondamentales ? Or, pour déterminer maintenant le nombre des Personnes générales dans lesquelles la Réalité tout entière vient se constituer afin de se plonger dans la suprême et éternelle communion des Cieux, il faudrait certainement avoir recours à d'autres lumières qu'à celles de la raison.

On pourrait toutefois, d'après ce qui précède, avancer cette idée, que Dieu doit être nécessairement : 1° comme possédant tout l'être; 2° comme engendrant tout ce qu'il possède; 3° comme aimant tout ce qu'il engendre. On ramènerait ainsi le nombre infini d'attributs qui se trouvent dans la nature divine, à trois Personnes générales. Car si Dieu s'engendre lui-même, il connaît tout ce qu'il engendre, et il aime tout ce qu'il connaît [1].

Ainsi, Dieu est tout à la fois, 1° l'être qui donne l'existence et l'être qui la reçoit; 2° l'être qui connaît et l'être qui est connu; 3° l'être qui aime et l'être qui est aimé. Il y a comme un éternel engendrement, 1° de Dieu voulant posséder Dieu; 2° de Dieu voulant connaître Dieu; 3° de Dieu voulant aimer Dieu; de Dieu se dédoublant en quelque sorte pour s'engendrer et se posséder, se connaître et s'admirer, s'aimer et jouir

---

[1] Chaque personne divine étant infinie, tout ce qui est dans la première est dans la seconde; tout ce qui est dans la seconde est dans la première; et tout ce qui est dans la première et dans la seconde, est dans la troisième.

Seulement, tout y est différemment : la première, par exemple, est l'être, la seconde est la connaissance de l'être, et la troisième est le lien de l'être, ou l'amour. *L'être, la connaissance, et l'amour*, comme disait Bossuet.

La première personne est en quelque sorte à Dieu ce que la rationalité est à l'homme, la source de l'être; la seconde personne est à la première ce que dans l'homme l'intelligence, ou le verbe qui la réfracte, est à la raison; la troisième personne est aux deux autres ce que l'amour est dans l'homme à la raison et à la parole.

Les éternelles conceptions de l'Etre se réfléchissent et passent dans le Verbe, comme les nôtres dans le langage; et elles se réalisent dans l'Amour, comme les nôtres dans la volonté du cœur.

de son bonheur. De sorte qu'étant ainsi son principe, son moyen, et son but; l'être qui est heureux, l'être par le moyen duquel il est heureux, et l'être pour lequel il est heureux, Dieu se satisfait complètement lui-même. Ce sont ces trois Personnes dont les fonctions se trouvent si admirablement déterminées par les expressions si connues de Père, de Fils, et de St-Esprit [1].

Dieu, d'après la notion du monothéisme, serait une unité morte et immobile. Sans la pluralité des personnes, la variété des attributs, la multitude des conditions d'existence, on ne conçoit en Dieu aucun mouvement, aucun amour, aucune vie; et l'être absolu n'est plus qu'une molécule panthéistique frappée de stérilité et de mort. Car,

---

[1] La divinité simultanée de ces trois personnes, vient de ce que chacune d'elles se trouve dans toutes les autres, et toutes les autres dans chacune; et leur unité, comme nous le savons, résulte de leur identification par l'amour. C'est ainsi que la physiologie observe que « trois organes principaux sont présents à la fois dans toutes les parties du corps humain par le prolongement de leur propre substance : que l'homme est tout foie, par les veines qui en partent; tout cœur, par les artères; et tout cerveau, par les nerfs. » De même, Dieu est toute-puissance, par sa causalité, ou ce qu'on appelle le Père; toute intelligence, par sa sagesse, ou ce qu'on nomme le Verbe; tout amour, par l'Esprit-Saint, qui d'ailleurs porte le nom d'amour.

Je me rappelle que dans le catéchisme que j'ai appris, tout ceci était exprimé d'une manière bien remarquable : « Y a-t-il plusieurs dieux ? — Non, il n'y a qu'un seul Dieu. — Y a-t-il plusieurs personnes en Dieu ? — Oui, il y a trois personnes en Dieu : le Père, le Fils, et le St.-Esprit; et c'est ce qu'on appelle la sainte Trinité. — Qu'est-ce que la sainte Trinité ? — La sainte Trinité est un seul Dieu en trois personnes. — Ainsi, le Père est-il Dieu ? — Oui le Père est Dieu. — Le Fils est-il Dieu ? — Oui le Fils est Dieu. — Le St.-Esprit est-il Dieu ? — Oui le St-Esprit est Dieu. — Le Père, le Fils et le St.-Esprit sont-ils trois Dieux ? — Non, ces trois Personnes ne sont qu'un seul et même Dieu. — Pourquoi ces trois Personnes ne sont-elles qu'un seul et même Dieu ? — Parce que ces trois Personnes n'ont qu'une seule et même nature, une seule et même divinité. Seulement ces trois Personnes sont distinguées entre elles, en ce que l'une n'est pas l'autre. »

Catéchisme de Monseigneur le cardinal Fesch, IIe leçon, *De la S^e. Trinité.*

dans cette hypothèse, Dieu ne pourrait pas plus se dédoubler pour se connaître, ou pour s'aimer, qu'un œil ne peut se dédoubler pour se voir lui-même. Le Monothée (dieu un), ou l'idée de l'unité de Dieu sans variété de personnes, a quelque chose d'effrayant qui glacerait la pensée, si ce n'était une impossibilité ontologique.

Non, le Dieu de la réalité n'est point le dieu stérile que le Fatalisme dépose tout emmailloté au delà des temps, comme une momie éternelle, pour voir passer le monde ; le Dieu de la réalité n'est point le dieu aveugle que l'empirisme place comme un grand ressort au sommet de l'univers, pour imprimer le mouvement au monde ; le Dieu de la réalité n'est point non plus un dieu abstrait [1], un roi solitaire relégué par delà la création sur le trône désert d'une éternité silencieuse et d'une existence absolue qui ressemble au néant même de l'existence : c'est un Dieu à la fois puissance, connaissance, et amour ; étant connaissance et amour dans sa puissance ; étant amour et puissance dans sa connaissance ; étant connaissance et puissance dans son amour ; c'est-à-dire étant un et plusieurs, identité et variété, unité et triplicité infinies, et dans toute l'étendue de son être, perfection, vie, et félicité.

Telle est la nature de l'Existence absolue, du moins autant qu'on peut en juger par les conceptions que nous fournit la raison, et par les pensées certainement trop imparfaites et trop grossières, que l'intelligence parvient à former avec ces notions. Mais, en définitive,

---

[1] Voir la notion de Dieu que donne M. Cousin, dans sa préface de la seconde édition des *Fragments philosophiques*.

nous avons toujours retiré de l'étude précédente, ces résultats : que l'essence de Dieu est la Réalité ; que son principe constitutif est l'Amour; et que sa manière d'être, ou sa vie naturelle, est la Félicité. Maintenant que nous nous sommes à peu près formés sur Dieu les notions que nous pouvions attendre de la raison humaine, poursuivons notre question [1].

Oui, si l'union éternelle des Personnes infinies de la Réalité s'opère par l'amour, et que l'amour soit conséquemment le principe constitutif de l'Être; et si cette possession par lui-même de l'être infini, ou ce que nous avons appelé la vie absolue, produit nécessairement le bonheur, le bonheur, qui résulte de cette possession de l'infini, est donc l'attribut essentiel, la manière d'être naturelle de l'Existence absolue ?

---

[1] On a dû s'apercevoir que le grand inconvénient d'arriver à de pareilles notions par l'intelligence, vient de ce que celle-ci procède comme le scalpel, par dissection, par analyse. Cela va bien tant que l'on fait de l'analyse sur les êtres physiques : là, d'abord, la matière est finie et divisible; ensuite, chaque partie a sa loi, sa fonction, son but, et son importance, quoiqu'elle ne prenne sa valeur entière que dans le tout. Mais faites donc de l'analyse sur un être dont la nature est d'être essentiellement un et indivisible : puis arrivez, et voyez avant que la recomposition soit opérée !!. Chaque idée, chaque division faite, la connaissance de chaque attribut, seront autant d'erreurs, parce que chacune de ces choses seront considérées abstractivement, tandis qu'elles sont parties intégrantes d'un tout.

Ainsi, par exemple, que l'on prenne cette notion de la nature divine au moment où nous avons reconnu que Dieu est l'ensemble des conditions de l'existence ; qu'il n'y a pas une de ces conditions d'existence, pas un de ces attributs de son être qui ne soit absolu ; et qu'il n'y a pas un de ces attributs, pas un des points de son être conséquemment, où Dieu ne puisse établir son moi, s'y trouver complet, et s'y suffire à lui-même : qu'on surprenne là, disons-nous, cette idée, et au lieu d'une vérité, nous aurons la plus grossière absurdité peut-être dont l'histoire nous ait conservé le souvenir, le polythéisme, en un mot, remis à la place de l'unité de Dieu.

C'est pourquoi nous recommandons bien aux esprits qui ont l'habitude de procéder par synthèse pour arriver de

Or, si l'amour est le principe constitutif de l'Être absolu et le bonheur son état naturel : quelle sera la nature, la manière d'être de ce qui existe à l'état fini ? c'est-à-dire de ce qui, ne possédant pas tout l'être, est cependant doué de l'existence ? de ce qui, ne possédant pas la vie absolue, est cependant doué de la vie ?... C'est là un phénomène, il est vrai, qui ne peut se rencontrer qu'en dehors du sein de Dieu : mais précisément, descendons des sphères de la Réalité essentielle dans la création, et cherchons quelle est l'existentialité de l'être créé ; cherchons dans quelle situation doit se trouver l'être qui, ne possédant pas la Réalité complète, est dès-lors privé des conditions indispensables du bonheur ; du bonheur ! qui pourtant est la vie naturelle, la propriété essentielle de l'Etre. Cherchons-le, car c'est là notre question.

suite au fait intégral, de ne pas trop s'attacher à cette démonstration de l'amour comme étant la vie, le principe vital de Dieu. Il leur serait inutile de scruter ici toutes les propositions successives prises à part, pour essayer si chacune d'elles se trouve conforme au dogme, puisque cette notion ne peut se rapprocher de la réalité que vers sa conclusion. Et encore ! par sa nature philosophique, ne peut-elle pas se donner comme notion complète ; car on ne saurait dire que la raison puisse arriver à tout. La raison va jusqu'où elle peut ; passer au delà, c'est sortir du domaine de la philosophie. Or, comme ce travail a surtout pour objet une *Démonstration philosophique*, nous devons toujours éviter avec soin de confondre le point de départ de la philosophie, qui est la raison, avec le point de départ de la théologie, qui est la révélation.

Cette notion ne peut être confiée qu'aux esprits scientifiques, qu'une longue habitude de procéder dans les sciences physiques par analyse et recomposition, a accoutumés à trouver la vérité par de tels moyens. Une pareille démonstration est tout-à-fait une affaire d'intérieur de philosophie ; ici seulement l'on sait à quoi s'en tenir sur la manière dont notre pauvre intelligence est obligée de défigurer la vérité avant d'en prendre entièrement possession. Ailleurs, où l'on ne tiendrait pas compte de l'inconvénient attaché à la science, cette notion pourrait être vue comme une erreur.

II. D'abord, rappelons-nous qu'exister c'est avoir quelque chose de l'Être; et qu'avoir quelque chose de l'Être, c'est avoir quelque chose de Dieu, c'est participer des attributs de la Réalité. Si l'homme existe, il participe donc des attributs de Dieu en proportion de la valeur de son être. Nous en avons eu effectivement la preuve expérimentale, lorsque nous avons retrouvé la raison et la causalité comme éléments de la nature humaine; la raison, qui est un rayon de la sagesse de Dieu, et la causalité, qui est un rayon de sa puissance. Mais, indépendamment de ces éléments spéciaux, il y a dans Dieu, ainsi que nous venons de le reconnaître, une propriété générale, une manière d'être essentielle, inséparable de sa substance : c'est le bonheur. Si donc l'homme participe de l'être, il doit participer, dans sa mesure, de la propriété générale, de la modalité essentielle de l'être, en un mot, du bonheur.

Mais nous avons vu précisément aussi que le bonheur ne peut résulter que de la complète possession de l'être, et que Dieu ne jouit du bonheur que parce qu'il rassemble, sous sa puissante unité, les éternelles puissances de la Réalité. Alors, dans quel état inexplicable doit se trouver la créature, elle qui, tout à la fois, possède une existence réelle, et est privée de l'existence absolue; elle qui, tout en recevant l'être, fut séparée de la Réalité essentielle ?... car telle est la position de l'homme. Réfléchissons bien à ce qui précède.

D'abord, en tant qu'être réel, l'homme tient de la nature de l'être essentiel; il participe de ses tendances, et il ne lui est pas donné de les étouffer ; car pour se dénaturer ainsi, c'est-à-dire pour enlever à l'être qui est en lui sa propriété essentielle, qui est le besoin de la vie absolue, il faudrait qu'il s'anéantît. En tant qu'être réel, l'homme tient donc nécessairement de la nature, de la vie et des caractères de l'être essentiel. De sorte que l'être absolu, en nous faisant participer de lui par l'existence, nous fait participer à ses propriétés. En un mot : l'homme existe, donc il repose sur quelques-unes des conditions de l'existence absolue; l'homme vit, donc sa nature est, jusqu'à un certain point, à l'image et ressemblance de la nature divine [1]. En sorte que,

Répéter, d'après les traditions, que Dieu nous a créés pour le bonheur, ce n'est pas dire autre chose, sinon qu'il nous a créés à son image, qu'il nous a donné, dans de certaines limites, une nature semblable à la sienne; et proclamer qu'il nous a créés semblables à lui, ce n'est pas dire autre chose, sinon qu'il nous a donné l'être, l'être réel, l'être spirituel et cause; enfin, reconnaître qu'il nous a donné l'existence réelle, qu'est-ce dire, sinon que nous ne pouvons être heureux que de ce qui le rend heureux lui-même? Or, le bonheur de Dieu provenant de la complète possession de sa substance infinie, le bonheur de l'être créé ne peut résulter également que de la complète possession de Dieu.... Mais précisément, l'homme par la création possède l'existence, et ne possède pas Dieu ! — Alors, qu'arrivera-t-il ?

Si le fils de l'Être tient, comme tel, des propriétés et

---

[1] « Faisons l'homme à notre image et ressemblance. — *Genèse*.

[2] « Nous sommes semblables à Dieu, mais non pas égaux. » — DE BONALD.

des tendances essentielles de l'Être, ces tendances doivent se déclarer en lui, en quelque lieu qu'il ait été déporté hors du sein de la Réalité éternelle. Car si l'homme est le fils de Dieu, ne doit-il pas retrouver en lui tous les instincts de vitalité suprême par lesquels Dieu répand, dans l'infinie substance, l'ineffable et vivante attraction d'où résulte sa félicité ? Par conséquent l'homme, quoique enfermé dans le temps, ne doit-il pas, par cela qu'il possède de l'être, trouver en lui un inexplicable et irrésistible mouvement au bonheur, ou à la possession de la vie absolue ? Le poisson qu'on sort de l'eau ne continue-t-il pas d'agiter ses ouïes comme s'il pouvait encore respirer?

Alors si, existant, l'homme est privé de la possession de l'être, donc il lui reste le besoin de l'être ; si, vivant, il est privé de la vie absolue, donc il lui reste le besoin de la vie absolue, donc il est naturellement emporté par un mouvement irrésistible vers l'être absolu, vers ce qui seul peut lui donner ce bonheur dont il éprouve jusqu'au fond de lui-même la soif indispensable.

Or, ce mouvement de l'être vers l'être, ou vers le bonheur (puisque le bonheur résulte de la possession de l'être) ; ce mouvement qui se fait ainsi sentir dans le sein de la nature humaine, n'est autre chose que L'*amour*. L'amour, qui identifie toutes les puissances de la Réalité dans cette union divine d'où résulte la suprême félicité ; l'amour, qui resterait encore comme un lien distendu entre les trois divines Personnes, s'il était possible que, jetées par delà les sphères inconnues, elles rompissent leur éternelle union; l'amour, qui demeure entre l'être créé et l'être infini lorsque la création les sépare; l'amour, qui fait incliner l'être absolu vers sa créature, et qui soulève celle-ci vers son créateur; l'amour enfin qui fait la vie de Dieu, oui, cet amour brûle aussi dans le sein de l'homme!.. Brisez un corps en deux, chacune de ses parties, quoique séparée de l'autre, ne conserve pas moins l'essence qu'elle avait auparavant, et ses molécules n'en restent pas moins liées par une attraction de même nature; eh bien, il en est ainsi de l'être créé, que la création a séparé de l'être incréé : l'amour, qui est la vie, le principe de cohésion de toute substance spirituelle, se trouve dans l'un comme dans l'autre.

Maintenant, si l'homme est essentiellement doué d'amour, c'est-à-dire du mouvement à la vie absolue, ou au bonheur, nous n'avons plus qu'à chercher à quelle noble faculté, que nous n'aurions pas encore observée, il faut rapporter ce grand fait de la nature humaine, et nous aurons trouvé le centre de l'homme, le siége de sa personnalité. Car, ainsi que nous avons rapporté 1° les notions absolues et impersonnelles du juste et de l'injuste, du bien et du mal, du beau et du laid, en un mot, les idées rationelles à une faculté que nous avons appelée *Raison*; 2° nos jugements, nos raisonnements, nos abstractions, nos comparaisons, nos généralisations, en un mot, nos opérations intellectuelles à une autre faculté que nous avons appelée *Intelligence*; 3° enfin, tous nos actes libres et volontaires à une faculté que nous avons appelée *Volonté*, et nos mouvements corporels à une autre faculté que nous avons appelée *Corps*; de même, ne faut-il pas que nous rapportions notre amour, ou nos mouvements vers la vie absolue, à une faculté [1] ? et cette faculté ne sera certainement pas la moins apparente de la nature humaine, puisque le fait qui en résulte est le plus important de l'existence humaine. C'est ce fait qu'il faut d'abord bien constater.

Le principe constitutif de l'Être essentiel étant l'amour, c'est-à-dire, la puissance qu'a cet être de s'embrasser dans l'infini afin de se procurer le bonheur par la possession de la vie absolue ; et cette propriété fondamentale de l'être ne pouvant pas ne pas se rencontrer partout où il y a réellement de l'être : n'arrive-t-il pas nécessairement que, même dans la création, l'homme doit retrouver en lui le même besoin de la vie absolue, la même tendance à embrasser l'infini ? Car tel que l'être est en Dieu, tel aussi l'être est dans l'homme ; avec cette différence que

---

[1] En cela nous avons suivi les lois indiquées par la psychologie : « Le moi produit des actes divers ; ces actes sont des effets, et tout effet suppose une cause analogue. Or, les actes que le moi produit étant non-seulement distincts, mais différents, il en résulte que les causes qui les produisent sont non-seulement distinctes, mais différentes. Quoique le moi soit un, quoiqu'il soit le même être qui produit tous ces actes différents, le moi est donc doué de pouvoirs d'une nature différente : ce sont ces pouvoirs auxquels on a donné le nom de *facultés*. Une théorie complète des facultés du moi ne serait rien moins que la connaissance de la nature intime du premier des êtres créés. Mais rien n'est plus opposé encore que les opinions des philosophes sur les facultés du moi ; tous ont mis cependant un grand intérêt à cette question, mais presque toujours elle a été imparfaitement résolue, parce qu'elle avait été mal posée et mal comprise. Pour déterminer l'existence des différentes facultés du moi, il faut : 1° partir des faits réels et individuels positivement donnés par la conscience, et les recueillir tous ; 2° les observer tous successivement et chacun à part ; 3° les rapprocher, et mettre ensemble ceux qui ont plus de rapport que d'opposition ; et enfin donner un nom à chaque groupe ainsi formé, soit en se servant des noms anciens, soit en créant de nouveaux mots : alors on aurait une classification réelle et scientifique des facultés de l'âme. »

M. Noirot, *Psychologie* : Qu'est-ce que déterminer l'existence d'une faculté ?

l'homme est un être créaturel, et non pas l'être essentiel, c'est-à-dire, que celui-ci vit de la possession de la vie absolue, et que celui-là vit du besoin de la posséder.

Par conséquent, si de l'être dont la propriété fondamentale est la possession nécessaire de la vie absolue, on soustrait la vie absolue, reste l'être avec un mouvement nécessaire à la possession de la vie absolue; si, de l'existence parfaite, c'est-à-dire, jouissant de la félicité par suite de l'amour qui réunit en elle toute la substance de l'infini, on soustrait la substance infinie, reste le mouvement nécessaire de l'être vers l'être infini : or voilà en effet l'être créé, tel qu'il se trouve dans son exil de la Réalité divine! voilà de quelle existence peut subsister l'être privé de la complète existence, la vie privée de la vie absolue : VOILA L'HOMME enfin, tel qu'il est en lui-même et dans son essence! L'homme, c'est l'être moins le bonheur; et, comme l'être ne peut avoir pour vie que le bonheur, c'est l'être à la poursuite du bonheur ; et, comme le bonheur ne peut résulter que de la possession de l'être infini, c'est l'être à la poursuite de l'être infini ; et, comme ce mouvement nécessaire de l'être vers l'être est l'amour, *l'Homme n'est autre chose qu'un être doué d'amour.*

Ainsi, lorsque par la création, Dieu détacha de son sein la créature, il se fit en elle comme une grande douleur. L'être, par sa propriété naturelle, ne pouvait pas ne pas aspirer à retourner dans la Réalité essentielle; car, aussitôt que l'être créé est séparé de l'être absolu, il ne peut moins faire que d'aimer encore, c'est-à-dire, de se porter encore vers le bonheur, vers la vie absolue : et voilà précisément dans quelle position il se trouve surpris sur la terre. En effet, remarquons-le, ce n'est que parce qu'il ne possède pas son bien, ce n'est que parce qu'il est privé du bonheur, que l'être créé y tend aussi énergiquement, qu'il est mu par une aussi irrésistible impulsion d'amour. Car ce n'est pas le bonheur qui produit l'amour, c'est, au contraire, l'amour qui produit le bonheur.

Oui, pour que l'homme n'éprouvât pas, du milieu de la création, cette tendance à la vie absolue, il aurait fallu qu'il ne fut pas un être; et pour qu'il ne fût pas un être, qu'il ne fût pas aussi bien créé à l'image de Dieu !.. C'est pourquoi, si, doué de l'existence, l'homme est privé de l'existence infinie, il doit rester frappé du besoin de l'existence infinie ; et, parce qu'il est enfermé dans le temps, il doit être emporté par un irrésistible mouvement vers le bonheur. Alors l'expérience doit nous montrer l'homme sur la terre, éperdu, entraîné, demandant compte de la faim de son être à tous les objets de la création, et les poursuivant tous, dans son infatigable pélerinage, comme aliment de son bonheur ?

Effectivement, n'est-ce pas le fait de l'expérience la plus universelle, que le bonheur est l'objet des recherches de toute créature humaine ? l'homme ne vit et ne respire que par l'amour ; c'est-à-dire, qu'il ne forme pas un désir, qu'il ne suit pas une pensée, qu'il n'essaie pas un mouvement, qu'il ne réalise pas un acte, que ce désir ne soit celui d'arriver à la possession de son bien ; que cette pensée ne soit la connaissance de ce qu'il faut faire pour y parvenir ; que ce mouvement, que cet acte, ne soit un moyen, plus ou moins éloigné, d'en obtenir la possession?

Oui, l'amour est le mouvement naturel de l'homme vers la possession de son bien ; la possession de son bien est le bonheur, et le bonheur est le mobile et le but de toutes les actions humaines [1] ! — Ici, redoublons d'attention, nous touchons au résultat de notre question.

---

[1] « Tout art, toute recherche, toute action, toute détermination se propose un bien pour but ; aussi a-t-on raison de dire que le bonheur est la fin vers laquelle tendent tous les efforts. Mais qu'est-ce que le bonheur ? voilà la question. » — ARISTOTE, *Mor.*

« Toute cité, tout Etat est une association, et toute association ne peut se former qu'en vue du bonheur ; car c'est pour leur bonheur, ou ce qui leur semble tel, que les hommes font tout ce qu'ils font. » — ARISTOTE, *Pol.*

« D'être heureux, en naissant, l'homme apporte l'envie,
« Mais il n'est point, dit-on, de bonheur en la vie. » — OEDIPE.

« Que demandez-vous autre chose que d'être heureux ? » — S. AUGUSTIN.

« Tous les hommes s'accordent dans l'idée et dans le désir qu'ils ont de leur bonheur. » — ABADIE.

« L'homme veut invinciblement être heureux ; car il est fait pour aimer, chercher et posséder le bien. Aussi, ce désir d'être heureux est chez lui invincible ; dans tout ce qu'il fait de bien ou de mal, il ne cherche que le bonheur. » — MALEBRANCHE.

« Le mobile du monde est la soif du bonheur. » — BOSSUET.

« Tous les mouvements de l'homme tendent au bonheur. » — FÉNÉLON.

« La soif du bonheur est le mobile de l'homme. » — AIKINS.

« Tous les hommes désirent être heureux : cela est sans exception, quelques différents moyens qu'ils emploient, ils tendent tous à ce but. C'est ce qui fait que l'un va à la guerre, et que l'autre n'y va pas... La volonté ne fait jamais de démarche que vers cet objet ; c'est le motif de toutes les actions de tous les hommes, jusqu'à ceux qui se tuent et qui se pendent. » — PASCAL.

« Toutes les agitations du monde n'ont de cause et de but que la recherche du bonheur. » — Le P. SYRUS.

« L'homme veut nécessairement et toujours être heureux, c'est donc pour lui un besoin que d'aimer. » — L'ab. PLUQUET.

« Il y a cela de commun entre la vie des gens du monde et celle des Saints, que les uns et les autres aspirent au bonheur ; ils ne diffèrent que dans l'objet où ils le placent. » — NICOLE.

« Le désir d'être heureux est le premier que nous imprima la nature, et le seul qui ne nous quitte jamais. Mais où est le bonheur ? chacun le cherche et nul ne le trouve. » — J. J. ROUSSEAU.

« Le bonheur est l'incessante et l'invincible nécessité de notre être ; à chaque instant et de tous les points de notre être, nous voulons être heureux. » — J. BENTHAM.

On n'ouvre pas un livre qui traite de l'homme, sans y trouver cette pensée exprimée d'une manière ou d'une autre. Elle n'est devenue le lieu commun de tous les auteurs que parce qu'elle est la pensée commune de tous les hommes. S. Augustin, faisant une énumération des sectes de philosophie qui s'étaient occupées du bonheur, citait déjà, de son temps, deux cent quatre-vingts systèmes !!.

Puisque l'homme ne peut exister sans vouloir être heureux, le caractère propre du moi est l'amour, ou le mouvement vers le bonheur. Le rapport de l'amour et du moi n'est donc pas seulement un rapport de co-existence ; c'est un rapport d'identité. Être pour le moi n'est pas une chose, et vouloir être heureux n'en est pas une autre ; car alors, le moi pourrait exister sans vouloir être heureux, ce qui est impossible. Exister pour le moi, c'est éprouver le besoin du bonheur : l'amour est donc la manière d'être du moi [1]. — Or, si ce besoin d'amour est la manière d'être du moi, ou plutôt, si ce besoin d'amour est le moi lui-même, voyons dans quelle faculté se trouve l'amour, nous saurons dans quelle faculté se trouve le moi ; c'est-à-dire, cette partie qui est le siége de l'homme, et qu'en psychologie on a été obligé d'appeler *le moi*, avant de la connaître.

Puisque l'homme, c'est l'existence moins le bonheur, par conséquent l'être à la poursuite du bonheur, par conséquent l'être essentiellement doué d'amour ; puisqu'être ainsi affamé d'amour, c'est là le fond de la créature, c'est là l'homme, non plus dans ses organes de relation avec le temps, ainsi que nous l'avions d'abord étudié, mais l'homme dans son essence, l'homme tel qu'il est vis-à-

---

[1] Comme nous le voyons, on peut dire mot pour mot de l'identité de l'amour et du moi, ce que les psychologistes disent de l'identité du moi et de la volonté (voir les admirables observations de M. Cousin sur l'identité de la volonté et du moi, dans sa Préface des *Fragments philosophiques*) ; et on peut le dire à meilleur titre, puisque ce que la psychologie appelle *volonté*, n'est autre chose que la direction que prend l'amour vers un objet. Car toute volonté n'est qu'une nouvelle décision du désir d'être heureux ; et le désir d'être heureux n'est que l'amour, ou le mouvement vers la vie absolue. Exister, pour nous, vouloir être heureux, ou aimer, toutes expressions synonymes d'un même fait : l'existence du moi.

vis de l'absolu, et tel que nous voulons aujourd'hui le connaître; enfin, puisque la partie de la nature humaine où se fait sentir ce besoin d'amour, ou de bonheur, doit être alors celle où se trouve l'homme lui-même, et, cette partie de la nature humaine où se fait sentir ce besoin d'amour étant ce qu'on nomme le *Cœur*, LE COEUR EST DONC L'HOMME LUI-MÊME;

Le Cœur est donc ce que, jusqu'à présent, les psychologistes appelaient le moi ! [1]

---

[1] Malebranche croyait que la pensée seule était l'essence du moi, parce qu'il regardait comme impossible de concevoir un esprit qui ne pense pas; tandis que vouloir, imaginer, avoir de la joie, de la tristesse, n'étaient, selon lui, que les différentes modifications du moi; en sorte que ces choses ne lui étaient point essentielles, puisqu'il était possible de concevoir un esprit qui n'imagine point, qui n'éprouve ni tristesse, ni joie, et même qui ne veuille point; et de là cette dénomination fameuse de *principe pensant* que les philosophes modernes donnent encore à l'âme aujourd'hui. (Voir la *Recherche de la vérité*, livre III, De l'Entendement, chap. 1 : *La pensée seule est essentielle à l'esprit*).

M. Cousin a établi, au contraire, que la volonté seule était l'essence du moi, puisqu'il était impossible de concevoir le moi sans volonté, que nous ne nous imputons que ce que nous causons, et que nous ne causons que ce que nous voulons. Ce philosophe aurait pu réclamer, d'après sa théorie, que l'âme fut appelée le *principe voulant*; il se serait rapproché de la dénomination de St-Thomas, qui appelait l'âme, le *tout potestatif*.

Ici, nous sommes donc obligé de nous éloigner de l'opinion de ces deux philosophes, et surtout du premier. Malebranche, qui est bien certainement le génie à qui la psychologie doit le plus de découvertes, s'est fait illusion sur ce point, comme il est facile de le reconnaître maintenant : le philosophe moderne se trouve beaucoup plus près de la vérité; car tout ce qu'il a dit de la volonté, si un pas de plus eût été fait dans la nature intime et le principe de la volonté, il l'aurait dit de l'amour. Et même tout ce qu'il avance de l'identité de la volonté et du moi, ne se trouve aussi justement vérifié, que parce que la volonté n'est précisément que la direction que prend l'amour vers un objet par suite de notre liberté.

Pour nous, nous n'avons pas besoin de donner à l'âme une nouvelle dénomination qui soit en rapport avec notre théorie; le sens commun (comme nous le ferons observer bientôt), nous en a dispensé en prenant continuellement dans le langage le mot *Cœur* pour l'homme lui-même. Ainsi, pour signifier que tel homme est bon ou mauvais, on ne dit pas que c'est un bon ou un mauvais *principe pensant*, ni un bon ou un mauvais *tout potestatif*, mais on dit que c'est un *bon Cœur*, ou bien, un *mauvais Cœur*.

L'analyse nous amène droit là : la condition de tous nos actes, c'est la volonté ; la condition de la volonté, c'est le désir ; la condition du désir, c'est l'amour. L'amour, ou le besoin du bonheur, est donc le fond de notre personnalité. Et, comme on ne peut trouver l'amour ailleurs que dans le Cœur, on ne peut donc trouver ailleurs le moi. Le Cœur est le fond même de l'homme ; ce que Dieu a séparé de lui par la création.

Oui, c'est par le Cœur que l'homme souffre de sa séparation de l'Être absolu ; c'est par le Cœur qu'il brûle du besoin de le retrouver ; c'est par le Cœur qu'il veut et qu'il produit tous ses actes ; c'est par le Cœur qu'il cherche son but ; c'est par le Cœur qu'il se porte vers lui ; enfin, c'est par le Cœur qu'il l'atteindra et qu'il le possédera un jour. L'homme est tout entier dans le Cœur ; c'est là le siége de sa personnalité, c'est là cet organe central que nous cherchions pour connaître décidément le fond de sa nature.

Aussi, savez-vous d'où vient le mot *Cœur!*... En traversant Καιω, l'étymologie grecque, on arrive au verbe hébreu כיה (*couo*), qui signifie brûler ! Il y a également le substantif כיה (*couoh*), enhardir, donner du Cœur, dont les Grecs ont fait Ἰχύω, être fort, et les latins *Queo*, pouvoir. Et enfin, dans l'hébreu, le mot לבב, qui signifie proprement Cœur, veut dire aussi le fond de l'âme. Ainsi, d'après les sources en quelque sorte traditionnelles du langage, le Cœur, c'est ce qui brûle et c'est ce qui peut ; autrement dit, ce qui aime et ce qui veut ; et c'est en même temps, le fond de l'âme. L'étymologie ne pouvait pas être plus près de la vérité philosophique !

C'est maintenant que toutes les autres facultés de

l'homme s'expliquent, et trouvent à se rattacher à leur centre !

En effet :

Qu'est-ce que la raison, desservie par une intelligence, sinon l'organe par où le Cœur reçoit la lumière qui l'éclaire sur l'objet infini de son amour ? Qu'est-ce que la volonté, desservie par un corps organisé, sinon la faculté par où le Cœur se détermine et exécute les actes nécessaires pour atteindre cet objet de tous ses désirs ? Et de même, sans le Cœur, qu'était-ce que la raison, desservie par une intelligence pour faire descendre la lumière absolue, si la raison n'avait personne à éclairer ? Sans le Cœur, qu'était-ce que la volonté, desservie par un corps organisé pour se déterminer et exécuter des actes, si la volonté n'avait les désirs de personne à satisfaire ? La raison et son intelligence, la volonté et son corps peuvent-ils s'expliquer tant que l'on ne connaît pas le Cœur, pour lequel ces diverses facultés ont été faites ?

Conséquemment, si la raison doit se rattacher quelque part, comme à son centre, n'est-ce pas à l'être auquel elle sert de lumière ? et si la volonté doit se rattacher quelque part, comme à sa source, n'est-ce pas à l'être dont elle réalise les désirs ? — Conséquemment, si la raison est interrogée, et l'intelligence provoquée à donner sa lumière, n'est-ce pas par l'être qui en a besoin pour s'éclairer sur ses fins ? et si la causalité est mise en usage, et le corps en mouvement, n'est-ce pas par l'être qui en a besoin pour exécuter les actes qui l'approchent de ces mêmes fins ? — Conséquemment, si la raison et l'intelligence, la volonté et le corps, ne trouvent que dans l'être qui les emploie à son usage, la source de leur exercice et de leur mouvement, n'est-ce pas en lui que doit être la source de leur vie? — Conséquemment, si le Cœur est l'être qui se sert de la raison et de l'intelligence, de la volonté et du corps, le centre vital où viennent converger la raison et la volonté, l'intelligence et le corps, autrement le siége de l'homme, n'est-il pas ce qu'on appelle le Cœur?

De là, une chose bien remarquable : c'est l'organe physiologique auquel les hommes ont, de tout temps, donné le nom de cœur. Sentant que quelque chose de vital se remuait sans cesse dans leur sein, et que ces mouvements continuels s'accéléraient ou se ralentissaient suivant leurs diverses émotions, ne dirait-on pas qu'ils furent naturellement amenés à prendre pour le centre de leur vie, en un mot, pour leur Cœur, l'organe physiologique qui porte aujourd'hui ce nom [1]? Aussi, a-t-on appelé SEIN (*sinus*, ce qui renferme par excellence) la partie où se

---

[1] C'est pourquoi dans toutes les langues, même dans celles de l'antiquité, on trouve que le mot qui exprime le *Cœur*, est également employé, et par les moralistes, pour désigner la faculté psychologique, ou le moi, et par les médecins, pour désigner la faculté physiologique.

On a toujours été tellement préoccupé des propriétés du Cœur, que souvent on a attribué à l'organe physiologique qui porte ce nom, les fonctions de l'organe psychologique. La médecine, par exemple, a longtemps fait du cœur (*organe cardiaque*) le siége de toutes les affections, des sentiments, comme des passions. Aujourd'hui, l'on reconnaît l'influence puissante des passions sur les maladies du cœur; mais cette action, qui vient entièrement du cerveau, se manifeste plutôt par le développement des maladies nerveuses du cœur, que par celui de ses lésions organiques.

Voir sur ce point MM. Schina, Bouillaud, Corvisart; ce dernier dit expressément :

« Si quelqu'un pouvait nier de bonne foi, ou douter seulement des funestes influences physiques des affections morales sur le cœur, qu'il lui suffise de savoir qu'il se déchire dans un accès de colère. »

CORVISART. *Traité des maladies du cœur*, page 385,

trouve renfermé cet organe. Il semble que depuis lors, l'homme n'ait pas craint de laisser à son Cœur le nom d'un tel organe; et même de le prendre comme emblême : emblême d'autant plus juste qu'à chacun de ses battements, le cœur artériel semble vouloir ouvrir notre sein pour s'en échapper, et qu'il nous donne ainsi une image du Cœur en cette vie...

Alors, puisque c'est le Cœur qui désire le bonheur, et que c'est en vue de l'obtenir que l'homme forme toutes ses pensées et entreprend toutes ses actions; puisque c'est pour le Cœur qu'il profite des lumières de la raison, qu'il se sert de son intelligence, qu'il emploie sa volonté, et qu'il fait usage de son corps; puisqu'enfin ce que nous appelons le Cœur est réellement la créature de Dieu, ce qu'il a détaché de lui et envoyé se former dans le temps, et que les autres facultés que nous venons de nommer n'ont été annexées au Cœur absolument que pour rendre possibles sa vie et ses relations au milieu d'une sphère si étrangère à lui, il faut conclure :

Que le Cœur est ce principe vital auquel la raison et la volonté, l'intelligence et le corps viennent se rattacher ; que le Cœur est cet organe souverain auquel tous les autres organes ont été appropriés comme moyens; que le Cœur est le centre de l'organisme spirituel, la cause innervatrice de toutes ses facultés ; que le Cœur, en un mot, n'est que le moi lui-même.

Tel est cet organe fondamental à la recherche duquel nous nous étions mis pour retrouver l'unité de la nature humaine. Le Cœur, c'est l'homme; c'est-à-dire cet être qui est doué de raison et de volonté, d'intelligence et d'un corps. Mais avant d'étudier la nature et les fonctions psychologiques du Cœur, faisons-nous bien une idée de la position dans laquelle il se trouve, ainsi exilé de la Réalité infinie; car dans cette position est le secret de son caractère, et la clé de toute son histoire.

III. Nous disions précédemment, pour expliquer la causalité humaine, qu'il y a un endroit où Dieu suspend son être et sa puissance, et où l'être et la puissance de l'homme commencent. Mais ce n'est point, comme on le voit, un fait indifférent : car où Dieu s'arrête, s'arrête aussi la félicité, et où l'homme commence, commence par conséquent le besoin de la félicité. Or, l'amour est le sentiment douloureux de ce besoin de la félicité, l'amour est ce mouvement par lequel l'être créé tend à retourner vers l'être incréé. Car l'être à qui rien ne manque, qui est en lui-même sa propre cause et la source de son bonheur, étant la source de l'être à qui tout manque, de l'être qui n'a d'autre vie que celle qu'il reçoit du premier, il est clair que celui qui est le plus près du néant se rejette instinctivement vers celui qui est la source de l'être pour en recevoir l'existence. Les êtres spirituels aiment Dieu par une nécessité de leur nature.

Quoique l'homme soit ainsi séparé de son bonheur par le fait de la création, il en trouve le besoin tellement vif en son être que, par un instinct merveilleux, ce besoin le dirigerait encore, quand même la raison ne lui en donnerait pas la connaissance positive, ainsi qu'on a pu le remarquer dans le paganisme pour quelques âmes sublimes. Comme le poisson enlevé à son élément et jeté au loin sur la plage, se tourne instinctivement vers le fleuve où il a reçu la vie, et s'en rapproche par ses bonds multipliés ; ainsi la créature, par ses mouvements naturels, cherche à rentrer dans la Réalité absolue ; ou, s'il est permis d'employer encore de telles comparaisons, de même que les tronçons du serpent que le fer a coupé cherchent, dit-on, à se renouer, ainsi les êtres créés tendent, par un mouvement vital irrésistible, à se rattacher à l'Être incréé, source de leur existence [1].

Comme ce mouvement de l'être vers l'être n'est autre chose que l'amour, et que par l'amour les différents attributs de l'infini s'identifient pour constituer l'unité de l'être essentiel, lorsque l'être créé fut séparé de l'être essentiel, n'emporta-t-il pas avec lui la partie de cette attraction inhérente à son essence ? Or, comme cette attraction est l'amour, et que l'amour se trouve dans le Cœur : le Cœur est donc la *rompure* de l'homme ; ce qui saigne après le brisement de l'être ; l'endroit, en quelque sorte, par où l'homme a été détaché de Dieu. C'est pourquoi, au sortir de son sein, Dieu, pour fermer la plaie de notre cœur, y applique aussitôt le cœur d'une mère !

---

[1] Aussi, un phénomène bien remarquable dans l'enfance de l'homme, phénomène qui a frappé les physiologistes (comme si dans l'enfance l'être spirituel pouvait déjà sentir sa position), c'est que : « nul animal, après sa naissance, « n'est aussi impatient et ne désire avec « tant de passion que l'homme ; lui seul « trouve aussitôt les bornes de sa vie « insupportables, comme s'il était déjà « averti qu'il est doué d'une vie supé- « rieure. »

Burdach, *Traité de physiologie, comme science d'observation ;* De la première enfance, tom. 4.

Car si, à l'instant de la création, Dieu eût laissé l'amour à tous ses emportements ; s'il n'eût pas pris soin d'envelopper sa créature dans les langes de l'enfance, il se serait fait une explosion de douleur que l'homme n'eût jamais supportée. Tandis que, déposé tout enfant en ce monde, son amour ne s'échappe que peu à peu, à mesure que son être se délie, que les forces lui viennent, et que la famille se trouve toute prête autour de lui, pour satisfaire et appaiser les prémices de cette passion divine... Ainsi fut ménagé à la créature spirituelle son passage de la Réalité absolue dans la vie du temps. C'est bien le cas de s'écrier avec Rousseau : « On se plaint de l'état d'en-« fance ; on ne voit pas que la race humaine eût péri, si « l'homme n'eût commencé par être enfant ! » Oui, Rousseau, je le crois comme toi !

Or, l'amour qui reste nécessairement du côté de la créature après le brisement de l'être ; le mouvement douloureux de celle-ci pour rentrer dans la félicité, et la souffrance qui résulte de l'obstacle qu'elle y trouve, ne sont point des inconvénients que le créateur redoutât en faisant passer l'être de la Réalité absolue dans la sphère contingente du temps : c'était précisément, au contraire, ce que Dieu attendait du phénomène de la création, et ce sur quoi il comptait pour en atteindre le but. En effet, partons du point de vue divin :

Dieu entreprend la création pour que l'homme vienne partager sa félicité ; et pour que l'homme puisse partager cette félicité, il faut que ce qui fait la félicité de Dieu fasse également celle de l'homme ; et pour que l'homme puisse être heureux de ce qui fait la félicité de Dieu, il faut qu'il soit de la même nature que Dieu, et pour qu'il puisse être de la même nature que Dieu, il faut qu'il soit créé en puissance de devenir de lui-même à cette ressemblance ; et pour qu'il puisse se former de lui-même à la ressemblance de Dieu, il faut qu'il jouisse d'une causalité qui lui donne le pouvoir d'agir par lui-même ; et enfin, pour qu'il se décide à se servir de cette causalité, ne faut-il pas qu'un mobile irrésistible l'y engage et l'y porte constamment ? Car,

La raison et la causalité, l'intelligence et le corps, ne sont, après tout, que des instruments mis à la disposition de l'homme, et que l'homme, conséquemment, peut employer ou ne pas employer. Le point capital est donc le mobile qui porte la volonté à mettre en œuvre ces divers instruments ? Or, précisément, ce mobile est l'amour, ou le mouvement de l'être vers l'être. C'est lui qui embrâse le Cœur d'impatience, c'est lui qui éveille la raison, c'est lui qui provoque la causalité et amène toutes les volitions ; c'est lui enfin qui pousse l'homme à tous les actes qu'il produit en ce monde.

De sorte que, si c'est par la causalité que l'homme fait tout ce qu'il fait, c'est l'amour qui le porte à le faire : L'homme ne se sert de sa volonté que pour répondre aux besoins de son Cœur. Sans l'amour, il n'y aurait point de volonté ; cette faculté resterait inactive, n'ayant ni motif ni but pour se déterminer. L'homme n'essaierait point d'employer un pouvoir dont il ne sentirait pas la nécessité. Il lui fallait un besoin à satisfaire pour vouloir le satisfaire ; il lui fallait la soif du bonheur pour mettre en marche ce bel organisme dont nous le savons pourvu. C'est l'amour qui donne la vie à l'être spirituel.

Car l'amour est la vie de l'âme, comme le mouvement est la vie des corps. De même que si la matière était sans mouvement, elle resterait inerte et sans vie, puisqu'elle ne pourrait recevoir aucune forme ni aucune de ces modifications qui l'animent à nos yeux; de même, si l'âme était sans amour, elle resterait inerte et sans mouvement, puisqu'elle ne pourrait éprouver aucun désir, et qu'elle ne se porterait vers aucun objet. Aussi, l'homme n'est pas plus maître de résister à l'impulsion de l'amour, que la matière de résister au mouvement. Il est tellement inquiété, tellement agité par l'amour; l'idée fixe du bonheur reste si impérieusement devant ses yeux, et il la poursuit si infatigablement qu'il ne forme pas un désir, qu'il n'entreprend pas un acte que ce ne soit en vue du bonheur. Or, tout acte étant inspiré par l'amour, c'est-à-dire par le besoin du bonheur, chaque acte de l'homme, qu'il le sache ou qu'il l'ignore, n'est qu'un nouvel effort pour s'approcher de Dieu.

De sorte que ce besoin du bonheur, cet amour irrassasié, loin d'être un inconvénient de la translation de l'être spirituel dans le temps, devient précisément le moyen par lequel cet être spirituel et cause, remonte de lui-même par les degrés de l'être, jusqu'à ce qu'il arrive dans la sphère d'où il est descendu. C'est sur cet amour que repose l'économie de la création; il est la force d'ascension de l'homme. C'est ainsi que, dans la nature, nous voyons l'eau conserver sa force de pesanteur pour remonter jusqu'au point d'où elle est descendue, afin d'obéir à ce qu'on appelle la *loi du niveau d'eau*, et de retrouver son équilibre naturel. Le degré où l'eau peut s'élever est toujours égal à celui d'où elle est descendue. Il faut de même que l'homme, tombé dans les régions du temps, remonte, avec la puissance d'amour qui est en lui, jusqu'à la hauteur de son origine, afin de retrouver son niveau et de rentrer dans son équilibre éternel. L'homme, qui descend de Dieu, doit par l'amour remonter à Dieu.

Dieu se serait donc bien gardé d'enlever du Cœur le besoin de la félicité, et d'étouffer en lui le mouvement d'amour vers la vie absolue, puisque c'est justement sur quoi il comptait pour que la créature pût revenir d'elle-même vers lui. Aussi, ne dépend-il pas de l'homme d'aimer ou de ne pas aimer, de vouloir ou de ne pas vouloir être heureux : c'est là sa nature. L'homme n'est autre chose que le besoin d'être heureux. « Ne me « demandez pas, disait Malebranche, pourquoi je veux « être heureux, demandez-le à celui qui m'a fait ! »

Le besoin du bonheur n'est donc pas seulement le mobile principal de l'homme; c'est le seul et l'unique mobile de toutes ses déterminations. Car (et c'est une observation généralement faite [1]), ce mobile meut tellement le Cœur, que les autres mobiles ne sont mus que par lui. Prenez-les tous, ils ne sont que les diverses branches de ce

---

[1] « Le désir du bonheur est essentiel à l'homme ; il est le mobile de toutes nos actions. La chose du monde la plus véritable, la mieux entendue, la plus éclaircie, la plus constante, c'est non-seulement qu'on veut être heureux, mais qu'on ne veut être que cela. C'est à quoi nous force notre nature. » — St. Augustin.

mobile général; ét vous vous apercevrez qu'ils n'ont précisément de force comme mobiles, qu'en raison du bonheur qu'ils promettent à l'homme. Mobile de la fortune! mais c'est parce qu'il croit qu'elle conduit au bonheur. Mobile de la gloire! mais c'est parce qu'il croit qu'elle rend heureux. Mobile de l'amour, de l'amitié, de la science, etc.! mais c'est toujours parce que l'homme en attend du bonheur.

L'amour, ou le mouvement de l'être vers l'être, n'est pas seulement non plus le sentiment principal de l'homme; c'est le seul et l'unique sentiment de son Cœur. Car (et c'est aussi une observation généralement faite [1]), l'amour est tellement le seul sentiment du Cœur, que les autres sentiments ne le sont que par lui. Prenez-les tous, ils ne sont que les diverses branches de ce sentiment général; et vous vous apercevrez qu'ils n'ont précisément de puissance comme sentiments, qu'en raison de ce qu'ils se rapprochent davantage de l'amour pur. Sentiment de la gloire! mais qu'y a-t-il de plus grand, après Dieu, que l'humanité qui la décerne? De l'amour platonique! mais qu'y a-t-il de plus doux au cœur de l'homme, après Dieu, que celui de la femme qu'il aime? Sentiment de l'amitié! mais qu'y a-t-il de plus tendre pour l'homme, après le cœur de l'épouse, que celui de son ami? Sentiment de bonté, de bienveillance, de pitié, de générosité, etc.! mais c'est toujours parce que l'homme y trouve de l'amour.

---

[1] « La première maîtresse et capitale de toutes passions est l'amour, qui est de divers subjects, et de diverses sortes, et de divers degrez; il y en a trois principaux auxquels tous se rapportent, etc.»

P. CHARRON, *De la sagesse*. De l'amour en général, livre 1, chap. 21.

Eh bien! si au fond, le Cœur n'a qu'un seul mobile, le bonheur, et s'il n'a qu'un seul sentiment, l'amour ; au fond, il n'aime qu'un seul être, Dieu. Car, et c'est encore une observation facile à faire, c'est tellement Dieu que nous aimons dans tous les objets qui attirent notre cœur sur la terre, que nous les aimons en raison de ce qu'ils possèdent davantage des attributs de Dieu. En effet,

Prenons la nature. — L'ordre, le beau et le vrai ne sont que des attributs de Dieu; quand nous aimons la vérité, l'ordre et la beauté, au fond, nous aimons Dieu lui-même : vérité, ordre, beauté, n'étant que des manifestations divines. Or, comme nul homme n'a été sans admirer et sans aimer la vérité, l'ordre ou la beauté, tout homme a aimé Dieu en quelque manière. Et c'est si bien l'être infini que nous aimons, que ces manifestations de sa substance ne nous suffisent point ; le poëte, à la vue des merveilles de l'univers, perçoit comme une autre merveille par delà toutes les splendeurs de la création, et il s'écrie en soupirant : « Qui es-tu donc, « toi qui as fait l'immensité de l'espace, et l'harmonie de « ses sphères, et la lumière dans les cieux ! »

Prenons la famille. — L'amour filial, l'amour conjugal, et l'amour paternel, ne sont que des éléments de l'amour de Dieu ; quand nous aimons notre père, notre femme, ou nos enfants, au fond, nous aimons Dieu lui-même : amour filial, conjugal et paternel n'étant que des démembrements de l'amour divin. Or, comme nul homme n'a été sans aimer ou son père, ou sa femme, ou ses enfants, tout homme a aimé Dieu en quelque manière. Et c'est si bien l'être infini que nous aimons, que ces images de sa personne ne nous suffisent point ; l'époux au comble de l'ivresse, sent comme un autre amour plus ineffable par delà tous les mystères de son cœur, et il s'écrie dans son transport : « Qui es-tu donc « toi qui as fait la tendresse du père, la beauté de « l'épouse et l'innocence de l'enfant ! » [1]

---

[1] Cette situation du cœur est rendue admirablement dans le livre de M. de Sainte-Beuve, intitulé *Volupté*, et dans l'*Ahasvérus* de M. Quinet. Ce dernier surtout, qui est le seul poëme que, par l'élévation des idées et la grandeur du sujet, la France puisse opposer aux chefs-d'œuvre de Klopstock et de Goëthe, exprime d'une manière frappante le vide que laisse au fond du cœur le sentiment le plus riche et le plus profond que l'on puisse éprouver sur la terre. J'avais dix-neuf ans lorsque ce livre parut ; ce fut un événement de ma vie. Il vint donner le jour à un sentiment qui, depuis quelque temps, m'agitait sans que je pusse m'en rendre compte. *René* avait donné l'essor à mon cœur ; celui-ci m'ouvrit les portes d'un séjour qu'il n'aurait plus voulu quitter. Je désire que le lecteur connaisse un passage que je ne revois jamais sans émotion. C'est un dialogue entre AHASVERUS, personnification de l'humanité errant sur la terre de civilisation en civilisation, et RACHEL, personnification de la femme cherchant à adoucir les misères de l'homme.

RACHEL. Oui, si tu le veux, nous resterons dans cette vallée sans nom, pendant que les mondes achèveront de mourir, toi et moi, ici, sans nous quitter une heure, nous recommencerons à vivre, comme nous faisions à Linange. Avec toi, je te le jure, je n'ai besoin de rien. Les âmes remonteront au Ciel ; et nous, nous ne dépasserons jamais cette bruyère fleurie.

AHASVERUS. Nous pourrions être heureux ainsi, je le crois, mais ce bonheur est trop facile ; demain ou après, nous le retrouverons ; allons encore plus loin, jusqu'au bout du monde ; c'est là, c'est là que je voudrais être.

RACHEL. Nous y sommes ; après cela, vient le Ciel.

AHASVERUS. Quoi ! voilà tout ? c'est là déjà notre barrière ! elle est trop près ; au Ciel, je crois, je serais mieux.

RACHEL. Autrefois, quand je te donnais une fleur, tu ne désirais plus rien ; à présent que je suis toute à toi, je ne suis plus rien pour toi ; dis la vérité ?

AHASVERUS. Pardonne-moi, mon cœur, ce ne sont que des moments qui passent ; il y en a, tu le sais, où un brin d'herbe me ferait pleurer de joie...

RACHEL. Ce monde, qui s'en va, ne me fait pas pleurer, moi, mais je ne suis plus pour toi ce que j'ai été ; c'est cela qui me fait mourir.

AHASVERUS. Le mal ne vient pas de moi, sois en sûre ; mais, ici, je ne peux pas guérir. Quand je suis le plus à toi, et que je sens mon cœur respirer dans ton cœur, c'est précisément alors que mes oreilles tintent, et qu'il y a une voix qui me crie : PLUS LOIN ! PLUS LOIN ! Va-t-en jusqu'à ma mer d'amour.

RACHEL. Quoi ! aussi, lorsque je te serre dans mes bras ?

AHASVERUS. C'est là la maladie de mon âme. Quand mes lèvres ont bu ton haleine, j'ai encore soif, et la même voix me crie : Plus loin ! plus loin ! va-t-en

En effet, l'homme n'aime pas seulement son père, il n'aime pas seulement sa mère, sa femme, et ses enfants; car, lorsque son cœur les a aimés, il trouve encore en lui une surabondance d'amour qu'ils n'ont pu satisfaire. Or, je le demande! si un seul être était tout à la fois pour l'homme comme son père, et comme sa mère, comme sa femme, et comme son fils; si cet être était couronné de toute la grandeur et de toute la beauté de la nature; si de plus, il possédait à l'infini, tous ces dons que l'homme n'a trouvés que finis sur la terre, n'est-ce pas sur cet être que l'homme réunirait, comme malgré lui, toutes les affections qui partageaient son cœur ? C'est pourquoi, sans le savoir, l'homme aime celui qui a fait la sagesse de

jusqu'à ma source. Et, quand je te presse sur mon sein, mon sein me dit : Pourquoi n'est-ce pas la Vierge infinie qui demeure au Ciel?

RACHEL. Oh! Ahasvérus! ne me rend pas jalouse de Marie ; pour un sourire de toi, je me perdrai encore mille fois.

AHASVERUS. Je ne t'en aurais jamais parlé le premier ; mais, dans toutes mes joies, il y a une peine au fond ; et cette peine est si amère, si amère, que tes baisers jamais ne m'en ont ôté le goût : j'ai cru que cela passerait, et cela ne fait que s'accroître!

RACHEL. Tes désirs sont trop immenses; c'est ma faute de ne les avoir pas su remplir.

AHASVERUS. Non, ce n'est pas ta faute. Pour me faire illusion, j'ai voulu t'adorer dans toutes choses : si j'entendais le ruisseau passer, je me disais : C'est son soupir! Si je voyais l'abîme sans fond, je pensais : C'est son cœur ! De la vapeur des îles, et des nues, et de l'étoile, et du souffle haletant du soir, je me faisais une Rachel éternelle, qui était

toi, et toujours toi, et toi mille fois répétée. Ecoute-moi ! Si seulement une heure, je savais ce que c'est que d'être aimé du Ciel, je serais plus tranquille ; car c'est une folie plus forte que moi qui me pousse à aimer plus que d'amour je ne sais quoi dont je ne connais pas même le nom ; je voudrais me noyer dans cette mer d'infini que je n'ai jamais vue. Conduis-moi sur son rivage.

RACHEL. Mais mon Christ est cette mer ; viens, viens t'y perdre avec moi.

AHASVERUS. Sa roche est-elle haute ? sa grève escarpée ? es-tu sûre, dis-moi, que je ne sentirai plus là ce dégoût ni ce désir que tout attise, et que mon cœur, à la fin, s'arrêtera ?

RACHEL. J'en suis sûre.

AHASVERUS. Et que ton Dieu me suffira toujours, entends-tu ? et qu'il ne m'en faudra pas demain un plus grand pour un plus grand désir ?

RACHEL. Non, viens, tu n'en voudras plus jamais d'autre. . . . .
. . . .

son père, celui qui a fait la bonté de sa mère, et la tendresse de son épouse, et l'affection de ses enfants, et les beautés de l'univers. Père, mère, enfants, époux, frères, amis, ne sont que des moyens dont Dieu se sert pour développer tous les côtés de notre cœur : les divers sentiments sont autant d'épreuves et d'intermédiaires que l'homme doit franchir pour s'initier au grand et ineffable amour de l'Être infini. Ce monde-ci a été tendu comme une échelle pour remonter vers Dieu.

Si nous cherchons quelles sont les choses qui nous plaisent dans ce monde, nous trouverons que ce sont celles où règne l'ordre, l'harmonie, ou la beauté; et si nous cherchons pourquoi l'ordre, l'harmonie, ou la beauté nous plaisent, nous trouverons que c'est parce qu'ils ont précisément, eu égard à nous, quelque chose de la nature de Dieu. Si nous cherchons quelles sont les personnes que nous aimons dans ce monde, nous trouverons que ce sont celles qui ont pour nous de la tendresse, de la bonté, ou de l'amour; et si nous cherchons pourquoi nous aimons ceux qui nous sont tendres, bons, ou affectionnés, nous trouverons que c'est parce qu'ils sont précisément, à notre égard, ce que Dieu est pour nous. C'est l'infini que l'homme poursuit à travers tous les objets de ce monde.

Oui, partout l'homme cherche le bonheur, ou le complément de son être; c'est-à-dire que tout homme, qu'il le sache ou qu'il l'ignore, ne cherche réellement que Dieu. L'homme, c'est l'être qui a besoin de Dieu.. Maintenant, nous pouvons nous faire une idée de la situation où il se trouve dans le temps !

L'homme vient donc en ce monde avec le besoin du bonheur, c'est-à-dire avec une prédisposition à l'amour de Dieu. Mais Dieu, au lieu de s'offrir à lui, lui présente la nature qu'il a eu soin de revêtir des attributs de sa substance, autant que cela se pouvait dans le fini. Alors le cœur de l'enfant vole aussitôt sur la nature, comme une âme à qui l'on ouvrirait le séjour éternel, irait directement vers Dieu. Il prend la nature pour l'être infini; tout ce qu'il voit en elle l'enchante et le persuade qu'elle renferme, et au delà, tout ce qui peut satisfaire les besoins de son cœur. Il sourit à sa mère, il sourit à son père, il sourit au rayon de lumière qui vient baigner ses yeux, il sourit à toutes les formes sensibles que lui présente la nature. L'homme entre ainsi dans ce monde tenant à la main le rameau d'or de l'illusion.

Puis, lorsque son cœur dépasse les proportions de l'enfance, la nature, à ses yeux, s'embellit et s'agrandit encore; il lui trouve des charmes qu'il ne lui connaissait point, et son imagination, réveillée par les pressentiments d'un bonheur infini, le précipite alors dans cette vie avec toute l'ardeur qui le pénètre pour celui dont il éprouve le besoin au fond de lui-même. Il entrevoit des délices inouïes, son cœur s'embrâse, il s'échappe de son sein, il ne lui appartient plus, quelque chose d'inconnu l'appelle, et rien n'est capable de le retenir : c'est le mouvement de l'être vers l'être, ou vers le bonheur, qui vient de l'envahir tout-à-fait !... Et comme ce monde avec ses beautés et ses charmes, s'est offert d'abord à ses regards, ses premiers soupirs sont pour lui ; il lui demande naïvement le bonheur qui doit combler l'amour infini qui le tourmente.

Aussi, lorsque l'homme n'est pas averti de son illusion, il réclame le bonheur à qui ne peut le rendre heureux ; il aime, c'est-à-dire il prend pour Dieu, ce qui n'est pas Dieu, il tombe dans l'idolâtrie. Et l'idolâtrie est la grande erreur du genre humain, comme elle est l'éternelle méprise du cœur. Car il y a deux sortes d'idolâtries : l'idolâtrie innocente, qui naît de l'ignorance de l'esprit ; et l'idolâtrie coupable, qui naît de la faiblesse du cœur. La première est celle de l'homme à qui Dieu n'est point révélé, mais qui voyant cet univers si beau, le prend pour Dieu lui-même, et lui adresse tous les hommages qu'il trouve dans son âme pour la Beauté infinie. C'est là l'idolâtrie des premiers âges du monde. La seconde est celle de l'homme à qui Dieu a été révélé, mais qui, en attendant, voyant les objets de ce monde si propres à flatter son corps, leur adresse toute l'affection que dans son misérable cœur il possédait pour la Bonté infinie. Et c'est là l'idolâtrie dans laquelle nous sommes. Nous nous portons vers les objets de ce monde comme s'ils pouvaient nous rendre heureux, c'est-à-dire, nous prenons ces objets pour Dieu même. Car c'est prendre ces objets pour Dieu que de chercher en eux le bonheur.

Si les causes de la première idolâtrie n'existent plus sur la terre, les causes de la seconde sont loin de disparaître ; la première a duré autant que l'ignorance de l'esprit, la seconde durera, hélas ! autant que la faiblesse du cœur. Comme la beauté et la bonté sont les principe de tout ce qui plaît dans les choses d'ici-bas, et comme il n'y a rien dans la nature physique qui ne porte ainsi des traces de la nature éternelle, il n'y a rien sur la terre qui ne puisse séduire l'homme. Car dans ses plus grands égarements, dans ce qui flatte le plus ses sens, ce qui plaît à l'homme, ce sont toujours les vestiges de cette beauté éternelle qu'il abandonne pour ce qui n'en est qu'une ombre vaine et fugitive. Mais alors chacun de ses efforts pour se rapprocher du bonheur, ne fait que l'en éloigner; plus son amour est ardent, plus il le sépare de l'objet de tout-amour; et le mouvement de l'être vers l'être, qui part du fond de son cœur, ne sert plus qu'à le précipiter vers sa perte.

Il ne faut donc pas croire que ce soit par surabondance d'amour, que nous nous jetons à la poursuite des objets de ce monde. Nous n'avons jamais trop d'amour: tout péché n'est qu'un amour mal placé. Le mal, pour l'homme, n'est pas de trop désirer le bonheur, mais de le désirer trop tôt; mais de vouloir ce que Dieu a précisément voulu éviter lorsqu'il a enfermé l'homme dans ce monde; c'est-à-dire de vouloir jouir de la félicité, avant que sa personnalité se soit formée; de vouloir jouir du bien-être, avant que son être se soit solidement constitué. Si Dieu avait pu rendre l'homme heureux tout de suite, il ne lui aurait pas fait traverser la création !

Car, vous le comprenez bien, pour que des êtres qui ne fussent pas Dieu, pussent jouir de sa félicité, il fallait que ces êtres ne fussent réellement pas Dieu ; pour que ces êtres ne fussent réellement pas Dieu, il fallait qu'ils eussent le temps de constituer leur personnalité distincte de la personnalité de Dieu, afin que ce fussent réellement ces êtres qui jouissent de la félicité, et non pas Dieu seul, comme auparavant ; et pour que ces êtres pussent constituer leur personnalité distincte et indestructible, il fallait que d'eux-mêmes ils fussent soumis à la plus forte épreuve que puisse subir l'être, savoir, d'être séparés du bien-être : or c'est en cela effectivement que consiste notre état dans la création.

De sorte qu'il était nécessaire tout à la fois, et que les objets de ce monde eussent assez de charmes pour attirer le cœur de l'homme, et que l'homme eût assez de force pour leur résister et porter toutes ses préférences sur Dieu. Aussi, est-ce un spectacle digne d'une grande compassion que celui de l'homme enfermé dans ce monde, et y devenant le jouet de toutes ses illusions !

Le papillon, qui nous donne un symbole si frappant de la transformation que l'homme subit à la mort, nous offre également une image fidèle de notre vie :

Dieu ayant jeté la matière entre lui et nous, comme un rideau tiré sur les splendeurs de sa substance, l'homme, au milieu de la nature, se trouve surpris comme le papillon emprisonné derrière la vitre qui lui défend de pénétrer vers le jour. L'homme cherchant la splendeur infinie, se précipite partout où le beau l'attire, comme ce papillon cherchant la lumière, se précipite sur le corps transparent qui la lui laisse entrevoir; et comme lui, l'homme va donner de la tête partout où la beauté, cette forme accessible de la substance de Dieu, lui offre l'espoir de trouver la véritable lumière.

Les yeux fixés sur votre fenêtre, sans doute vous avez souvent considéré avec quelle patiente illusion ce pauvre animal enfermé poursuit tous les coins de cette vitre trompeuse, la parcourt mille fois, en touche chaque point, croyant toujours qu'il va s'échapper vers la lumière. Il passe là des jours et des nuits sans même se retourner pour savoir s'il n'est point dans sa prison quelqu'autre issue qui lui permette de s'enfuir. Enfin, épuisé de lassitude, il se cramponne à cette vitre ; ne croyez pas qu'il ait perdu l'espoir, il n'a perdu que ses forces, et il attend patiemment qu'elles reviennent pour renouveler ses infatigables tentatives. Or vous savez qu'il recommencera ainsi, jusqu'à ce qu'il périsse victime de son illusion. Eh bien ! ce pauvre insecte nous fait là l'histoire de notre cœur... Quand l'homme ignore le sens de la nature, tous les biens de ce monde sont autant de séductions qui l'attirent ; et il se précipite vers eux, croyant toujours qu'il va saisir le grand idéal qu'entrevoit son âme altérée.

Mais aussi, quand l'œil de l'homme a percé les voûtes de la création ; quand une fois sa pensée, délivrée des langes de l'idolâtrie, est allée au delà des atmosphères du temps, et que son âme, frissonnant de bonheur, approche du sanctuaire de la Beauté éternelle, elle ne peut plus s'en éloigner....

Belle nature ! toute couverte encore de fleurs et de rosée, comme au jour où tu sortis du sein de l'Être, c'est en vain que tu cherches à me plaire ! pourquoi mon âme ne veut-elle plus sourire à tes charmes ? Mon âme, qui trouvait autrefois dans ta contemplation des extases inouïes, mon âme, qui pleurait à tes beaux spectacles, pourquoi ne les cherche-t-elle plus?... Ah! ton crépuscule vers le soir n'a plus assez de tristesse, ta brise du matin n'a plus assez de fraîcheur, et la lumière de ton aurore n'éveille plus aussi naïvement en moi l'espérance, depuis qu'une autre image s'est levée dans mon cœur.

J'avoue que tu m'as rempli des plus enivrantes émotions; et voilà pourquoi je m'étonne que tu me sois si insensible aujourd'hui. Ce qui m'était si doux en toi, m'est amer à cette heure; de quel breuvage inconnu ai-je donc approché mes lèvres? Tu fus cependant le lait de ma pensée dans son enfance; d'où vient qu'elle ne te désire plus? Tu n'as donc plus tes vagues bruits, tes lointains séduisants, et ton ciel plein d'étoiles ? Ou bien, n'aurais-je plus l'oreille ni les yeux par où tu prenais le chemin de mon âme?

Parmi les fleurs que tu portes sur ton sein, il en est une que tu as préparée de tous tes soins, pour séduire et enchanter les hommes; pourquoi ne veux-je point respirer de ses parfums? Images brûlantes des vierges, pourquoi n'embrâsez-vous pas mon cœur? Ah si!... lorsque vous passez près de mon âme, vous lui faites sentir davantage le besoin qu'elle a de Dieu. Dieu ! ai-je dit? Oui, c'est toi qui as remplacé dans mon cœur les illusions de l'enfance du cœur. Mon âme a soif, et je suis las de mendier à la nature une goutte d'eau qu'elle ne me donne pas. C'est de celui qui a fait les océans, c'est de celui qui a fait les monts et leurs vallées profondes, c'est de celui qui a fait la voix de ma mère, de celui qui a fait le sourire de ma sœur, et tout ce qui dans cette création m'enchante, c'est de celui-là que mon âme a besoin!

Voulez-vous savoir comme il est doux à aimer? C'est lui qui a fait l'ingénuité dans l'enfance. Mon Dieu! tu es ingénu comme un de ces petits enfants que les jeunes mères ne peuvent éloigner de leurs lèvres!

Voulez-vous savoir comme il est beau et grand? C'est lui qui donne aux soleils leurs crinières de feu, et qui remue les océans pour en faire des tempêtes. Mon Dieu! tu es puissant comme les attractions qui emportent en mugissant ces mondes dont tu poudroies l'espace!

Voulez-vous savoir comment il aime? C'est lui qui a fait le cœur de votre père et le sein à jamais adoré de votre mère. Oui, je t'aime, ô mon Dieu! parce que tu es à l'infini ce que ma mère et mon père avaient de tendresse pour moi sur cette terre!

Beautés de sa création, je ne vous injurierai plus : c'est vous qui me l'avez fait comprendre! J'ai vu l'aurore réveillant la nature qu'elle fait rougir par son premier baiser; j'ai vu le soleil versant du haut des Alpes ses torrents de lumière dans les vallées et les plaines sans bornes; j'ai vu la nuit peuplant les cieux d'étoiles, et faisant descendre son silence dans les airs; j'ai vu des montagnes que l'œil de l'homme peut à peine gravir ; j'ai vu des nuages et des fleuves qui roulent plus vite que le temps ; j'ai vu des mers soulever leur sein comme si quelques passions tumultueuses s'agitaient au fond de leurs abîmes; j'ai vu toute la nature, ô mon Dieu ! et j'ai compris combien il y avait en vous de poësie.

Je me suis vu protégé par le bras de mon père, et j'ai compris, mon Dieu, combien il y avait en vous de sollicitude. Je me suis senti pressé dans les bras de ma mère, et j'ai compris, mon Dieu, combien il y avait en vous de tendresse. J'ai vu le sourire sur les lèvres de la vierge, et j'ai compris ce qu'il y avait de délices à te posséder, ô mon Dieu !... mais depuis, je n'ai plus pu rester sans chagrin sur la terre.

Oui, pourquoi tout ce qui, dans cette belle nature, pouvait exercer une séduction sur mon cœur, ne fait-il aujourd'hui que me rappeler plus vivement à vous ? pourquoi tout m'y devient-il un motif de vous aimer ? Quand un regard de bonté se fixe sur moi, ou qu'une main bienveillante cherche à presser la mienne, oh ! je sens quelque chose qui me fait dire : Qui êtes-vous donc, ô vous qui faites entrer déjà tant de délices dans nos tristes demeures ? Et si la plus douce de tes apparitions sur la terre, la jeune vierge passe près de nous, mes yeux se couvrent d'un voile, et je voudrais aller au Ciel... O vous qu'il a ainsi placées auprès de nos cœurs, tenez-vous mieux voilées, vous nous en dites trop de la beauté de Dieu ! comment pourrions-nous ensuite supporter cette vie ?

Car enfin, mon Dieu, je ne puis m'empêcher de vous juger à vos œuvres; et, je vous le dis, il y a des moments où elles me ravissent à ce point que je me sens tout-à-coup saisi du besoin de vous voir, et je cherche à m'élancer vers vous! Alors je voudrais ne pas vous aimer, que je ne le pourrais pas; aussi, je sens bien que je n'ai point de mérite dans cet amour.

Beautés de la nature, et vous, bontés de sa création, vous n'êtes donc que pour nous faire venir au cœur la soif des choses immortelles?

La poësie et la beauté, ô mon Dieu! sont les traces que vous avez laissées sur la terre. C'est en vain que la nature cherche à faire servir pour son compte votre riche parure : ses séductions ne font que réveiller nos tentations pour ta Beauté infinie. Car on sait que tous ces rayons affaiblis de ta splendeur, que tu as dispersés sur tant d'objets en ce monde, et dont un seul a suffi si souvent pour rafraîchir nos cœurs dans le besoin; on sait que tu les possèdes tous rassemblés, multipliés les uns par les autres jusques à l'infini, dans ton sein ruisselant de beauté. Je comprends maintenant pourquoi tu veux que l'on t'aime de toutes les forces de son cœur : c'est toi qui es tout ce qui attirait nos cœurs sur cette terre!

Aussi, je t'aime comme mon père, je t'aime comme ma mère, je t'aime comme la vierge de mes amours; je t'aime comme mon ami, je t'aime comme mon enfant, je t'aime comme ma plus douce et ma plus belle pensée;

je t'aime comme l'aurore, je t'aime comme le jour, je t'aime comme le rayon de la lune, la nuit, lorsque je pense à toi !... Tu es celui devant qui l'âme extasiée s'écrie : Non, rien n'est semblable à toi !

Est-ce à dire pour cela que nos cœurs ne pourront plus s'ouvrir aux affections de cette vie ?.. Je le vois bien : vous avez voulu, mon Dieu, leur assurer, au contraire, un fondement impérissable ! Oh ! si j'aperçois se former sur la tige de mon cœur quelque beau fruit d'amour, je saurai qu'il est rempli d'un suc tiré de votre substance exquise, et qu'en aimant sur la terre, c'est de votre amour que j'aimerai. Car à l'impression délicieuse que l'amour fait en nous, nous ne pouvons nous empêcher de reconnaître votre présence. Voyez ! vous ne pouvez le nier : c'est vous qui habitez en nous ; c'est vous qui êtes l'amour dans nos cœurs ; ou plutôt, c'est vous qui êtes nos propres cœurs ; et c'est vous que nous aimons, sans le savoir, dans tout ce qui semble éveiller notre amour sur la terre. Hélas ! Hélas ! comment se peut-il ensuite que nous fassions quelquefois un si mauvais usage de cet amour !

Mais rappelez-vous, mon âme, le long voyage que vous avez à faire : est-ce le lieu de vous désaltérer à la première source que vous rencontrez ? Je sais bien que vous vous êtes mise en route parce que vous étiez tout à la fois altérée et pleine d'espoir ; mais vous êtes loin encore du but que vous voulez atteindre. Je sais que vous venez de rencontrer le Cœur, que le Cœur est la faculté d'aimer, et que l'amour est la grande question qui vous agite; eh bien! si vous venez de reconnaître, en partant des lois de l'absolu, que l'homme est doué d'un Cœur, et qu'il est l'élément fondamental de sa nature, cherchons maintenant, en partant de l'observation de cette même nature, si nous serons conduits au même résultat.

Oui, faisons pour le Cœur ce que nous avons fait pour les autres éléments de la nature humaine : à la démonstration ontologique, ajoutons la preuve psychologique. Là, nous verrons si réellement c'est au Cœur que viennent se rattacher toutes les autres facultés, comme à leur tronc, comme à leur centre vital, comme à l'organe central de la nature humaine.

Car, si en partant des lois nécessaires et essentielles de la Réalité, nous sommes obligés de conclure qu'un être, en dehors d'elle, ne peut subsister sans participer, en sa mesure, du principe vital qui fait que l'être absolu subsiste ; — si, par cela que la création détache la créature du créateur, elle ne fait que rendre plus violent le sentiment d'amour qui, portant l'être vers l'être, se trouve si douloureusement rompu par une telle séparation ; — et si, de quelque manière qu'on aborde dans le temps une créature spirituelle telle que l'homme, on doit la trouver nécessairement en proie à l'amour : le Cœur, étant l'organe de l'amour, doit être, par sa nature, sa motilité spirituelle, ses fonctions et ses tendances, l'élément fondamental de cette créature. — Et enfin, si le Cœur est l'élément fondamental de l'être créé, s'il est le siége du moi, s'il est réellement ce qui a été séparé de Dieu quand la création s'est opérée, c'est là réellement que toutes les autres facultés de la nature humaine doivent se rattacher ; c'est là réellement que doit être leur centre. La raison, la volonté, l'intelligence, le corps, doivent être les organes, et le Cœur doit être l'homme.

Voyons si nous ne le retrouverons point tel par l'observation psychologique. . . . .

SOMMAIRE ANALYTIQUE.

En étudiant isolément les divers éléments de la nature de l'homme, nous avons fait ce qu'on est obligé de faire dans toutes les sciences : étudier les parties pour avoir la connaissance du tout.

Mais cette première opération ne laisse que des abstractions, des propriétés spéciales, des organes épars ; il faut alors les rattacher pour que l'être ainsi étudié dans ses éléments reparaisse dans son ensemble.

N'est-ce pas de cette manière que nous venons d'étudier les divers éléments dont se compose la nature de l'homme ; tels que la raison, la volonté, l'intelligence et le corps ?

Or, la raison, la volonté, l'intelligence et le corps, sont de l'homme, mais ne sont point l'homme. Alors, comme ce ne sont là que les diverses facultés de l'homme, où donc est l'homme ? L'homme, ne sera-ce pas le centre auquel toutes ces facultés viennent se rattacher et recevoir la vie ?

Maintenant, pour déterminer quel est ce centre vital, auquel les autres parties ont été appropriées comme moyens, ne faudrait-il pas savoir ce qu'est l'homme, non plus envisagé dans ses relations temporelles avec la création, mais dans sa nature essentielle, dans ses rapports avec l'Absolu ?

Pour savoir ce qu'est l'homme dans sa nature essentielle, ne faudrait-il pas déterminer de quelle existence peut subsister une créature spirituelle ainsi séparée de la Réalité infinie ? Et,

Pour savoir de quelle existence peut subsister une créature spirituelle toute subordonnée, privée de la vie absolue, n'ayant point en elle la source de sa joie, dénuée de tout ce qui fait de Dieu une existence complète et bienheureuse, ne faut-il pas savoir en quoi consiste l'existence absolue, pour observer ensuite ce qui reste de l'être à celui qui est privé de cette existence absolue ?

I. Dieu, ou l'être absolu, est celui qui est, c'est l'être par excellence. Dans l'étude que nous allons faire, peut-être donnerons-nous une connaissance plus scientifique de cette notion ; mais n'espérons pas descendre plus avant en elle : l'être ne se voit pas en dedans.

Dieu donc, c'est l'ensemble des conditions de l'existence ; or, le bonheur étant la possession de l'être (le mal en étant la privation), celui qui possède la plénitude de l'être, possède la plénitude du bonheur, ou la félicité.

Pour que Dieu fût privé de la félicité, il faudrait qu'il fût privé de la perfection ; pour qu'il fût privé de la perfection, qu'il fût privé de quelque chose de l'être ; et, s'il était privé de quelque chose de l'être, il ne serait point infini, il ne serait point Dieu.

Aussi, Dieu étant nécessairement infini, est nécessairement heureux. Dieu n'a besoin, pour être infiniment heureux, que de la complète possession de lui-même.

Si le bonheur éclate nécessairement dans l'être qui renferme toute substance, le bonheur est donc l'état naturel, nécessaire de l'existence absolue : le bonheur est la vie de Dieu.

L'existence de Dieu ne repose point sur une inerte fatalité ; son existence, au contraire, découle entièrement de lui ; elle est le continuel produit de son intarissable causalité.

Or, en Dieu, le principe vital n'est rien moins que la puissance d'embrasser l'infini et de le ramener à l'unité. Car, toutes les innombrables substances de l'être, saisies d'une mutuelle attraction, se portent les unes vers les autres pour rentrer dans leur ineffable identité.

Et comme le bonheur résulte de la complète possession de l'être, ces substances s'attirent et se concentrent ainsi au gré de leur mutuelle inclination, pour se pénétrer avec félicité.

Cette puissance infinie, en vertu de laquelle les innombrables conditions de l'existence absolue s'attirent et se portent les unes vers les autres, n'est autre chose que l'Amour. L'amour est l'attraction divine.

De sorte que l'amour, qui est le mouvement de l'être vers l'être, est tout à la fois dans Dieu le principe de sa vie et le principe de son bonheur. C'est par l'amour que Dieu rassemble sous sa puissante unité les divines substances de la Réalité, et qu'il les embrâse de l'innervation éternelle.

Ce mouvement éternel de tous les attributs et de toutes les substances de l'infini pour se plonger dans leur enivrante unité, est comme le battement de cœur naturel de la divinité.

Pour que l'existence absolue voulût se détruire, il faudrait qu'elle repoussât la sainte et éternelle envie qu'elle a de sa félicité ; pour qu'elle voulût s'exposer à la souffrance, qu'elle détachât en elle l'être de l'être ; pour qu'elle détachât en elle l'être de l'être, qu'elle suspendît le mouvement d'amour qui porte les substances de l'infini les unes vers les autres ; il faudrait en un mot qu'elle anéantît la sublime sexualité de son essence.

Donc Dieu s'aime ; et s'il s'aime, toutes les substances de l'infini sont unies en lui dans une ineffable identité ; et, si en lui toutes ces substances se possèdent dans une éternelle communion, elles possèdent la félicité infinie ; et si dans cette union, elles possèdent la félicité, le mouvement naturel de Dieu consiste à s'emparer de l'infini.

C'est là ce que nous appellerons le mouvement naturel de l'être à la vie absolue. Or ce mouvement, qui n'est autre chose que l'amour, est la propriété la plus essentielle de l'être, c'est le principe constitutif de l'existence absolue.

Ainsi, Dieu, comme tout être, a son essence, sa nature, et sa vie ; puis, le principe constitutif sur lequel reposent ces trois choses. Son essence est la Réalité, sa nature l'Infinité, sa vie la Félicité, et l'Amour son principe constitutif.

La félicité repose sur la réalité, la réalité sur l'infinité, l'infinité sur l'amour, et l'amour sur la soif de l'être pour l'être, c'est-à-dire sur l'Amour. Il n'y a que l'amour qui, dérivant de l'amour, engendre et ne soit point engendré.

Complétons cette notion :

Si on appelle *propriétés* les attributs de la matière, parce que la matière n'existe ni n'agit par elle-même, et *facultés* les attributs de l'homme, parce que si l'homme n'existe point par lui-même, il agit par lui-même ; on nomme *personnalités* les attributs de Dieu, parce que Dieu existe et agit à la fois par lui-même.

La *Propriété* est une manière d'être passive, au pouvoir d'une cause étrangère ; la *Faculté* est une force active qui s'appartient, et trouve en elle sa propre cause ; la *Personnalité* est une puissance complète en soi, et qui se suffit à elle-même.

Or, comme Dieu peut être complet et se suffire à soi-même sur tous les points de son être ; comme il n'en est pas un seul sur lequel il ne puisse porter son moi et toute sa divinité, il ne peut y avoir en Dieu que de véritables Personnes.

Cependant, comme toutes ces Personnes se portent les unes vers les autres par suite de l'amour éternel dont elles sont nécessairement embrâsées, elles ne forment toutes qu'un seul être. C'est ainsi que Dieu, au milieu des splendides variétés de ses attributs, reste, par son ineffable amour, l'unité et l'identité infinies.

Maintenant, si l'on voulait déterminer par la raison le nombre des Personnes fondamentales dans lequel la Réalité absolue vient se constituer pour rentrer dans l'éternelle communion des cieux, on pourrait observer que :

Dieu doit être nécessairement, 1° comme engendrant tout l'être; 2° comme connaissant tout ce qu'il engendre ; 3° comme aimant tout ce qu'il engendre et connaît.

Ce sont ces trois Personnes dont les fonctions ont été si admirablement déterminées par les expressions si connues de Père, de Fils, et de St-Esprit; car la première de ces expressions représente la puissance; la seconde, la connaissance ; la troisième, l'amour.

Telle est la notion qu'au moyen de la raison, nous parvenons à nous former de l'Existence absolue. Nous en avons toujours retiré ce résultat, savoir : que l'essence de Dieu est la Réalité, que sa vie est la Félicité, et que son principe constitutif est l'Amour.

II. Si l'amour est le principe constitutif de l'Être absolu, et le bonheur sa manière d'être, que sera la vie, ou la manière d'être de ce qui, ne possédant pas l'existence infinie, est cependant doué de l'existence? de ce qui, ne possédant pas la vie absolue, est cependant doué de la vie ? C'est là notre question.

D'abord, nous savons qu'exister, c'est avoir quelque chose de l'être, et qu'avoir quelque chose de l'être, c'est avoir quelque chose de Dieu ; si l'homme existe, il participe donc, en proportion de son être, des attributs de Dieu. N'est-ce pas ce fait que les traditions ont exprimé, en disant que l'homme fut créé à l'image de Dieu ?

Or s'il en est ainsi, l'homme ne participera pas seulement, par sa raison, de l'attribut de la Sagesse; et, par sa causalité, de l'attribut de la Puissance ; il devra participer également de l'attribut général, de ce qui fait la vie, la manière d'être essentielle et inséparable de Dieu, c'est-à-dire du bonheur.

Mais, si le bonheur ne peut résulter que de la complète possession de l'être, dans quel état inexplicable doit se trouver la créature, elle qui tout à la fois a reçu l'être, et est privée de l'être absolu ?

C'est tout simple : si de l'être dont l'attribut fondamental est la vie absolue, on soustrait la vie absolue, reste l'être privé de la vie absolue : or, voilà précisément l'être créé, voilà de quelle existence il subsiste dans son exil de la Réalité infinie, en un mot, VOILA L'HOMME!

l'Homme, c'est l'être moins le bonheur ; par conséquent, c'est l'être à la poursuite du bonheur ; par conséquent, c'est l'être à la poursuite de l'être infini ; et, comme ce mouvement de l'être vers l'être est l'amour, *l'homme n'est qu'un être doué d'amour.*

Car, lorsque par la création Dieu détacha de son sein la créature, il se fit en elle comme une grande douleur; et par la propriété naturelle à son être, elle ne put moins faire que d'aimer encore, c'est-à-dire, que de se porter encore vers le bonheur

C'est dans cette position que l'homme se trouve surpris sur la terre. Effectivement, n'est-ce pas un fait d'expérience universelle, que l'homme n'a d'autre mobile ici-bas que la soif du bonheur, et que tous ses mouvements tendent à l'obtenir ?

Ce mouvement de l'être vers l'être, ou vers le bonheur n'étant autre chose que l'amour qui identifie les divines Personnes de la Réalité, et l'homme étant un être essentiellement doué d'amour, ou du mouvement vers la vie absolue, nous n'avons qu'à chercher à quelle faculté de la nature humaine il faut rapporter cet amour, et nous aurons le centre de l'homme, ce qu'en psychologie, on est convenu jusqu'à présent d'appeler *le moi.*

Puisque l'homme ne peut exister sans vouloir être heureux,

le caractère propre du moi est l'amour. Alors, puisque l'amour est la manière d'être du moi, ou plutôt, puisque l'amour est le moi lui-même, voyons dans quelle faculté se trouve l'amour, nous saurons dans quelle faculté se trouve le moi.

Eh bien, la partie de la nature humaine où se fait sentir ce besoin d'amour, étant ce qu'on nomme *le Cœur*, LE CŒUR EST DONC L'HOMME LUI-MÊME, le Cœur est donc ce que jusqu'à présent les psychologistes appelaient le moi !

Le Cœur est le fond de l'homme, ce que Dieu a séparé de lui par la création, ce qui reste frappé du besoin de la vie absolue.

C'est par le Cœur que l'homme cherche son but, c'est par le Cœur qu'il se porte vers lui, c'est par le Cœur qu'il l'atteindra et qu'il le possédera; aussi le mot *Cœur*, d'après les étymologies grecques et hébraïques, signifie brûler, vouloir, et fonds de l'âme.

C'est maintenant que toutes les autres facultés de la nature humaine s'expliquent !.. Ainsi, la raison, desservie par l'intelligence, n'est-elle pas l'organe par où le Cœur reçoit la lumière qui l'éclaire sur l'objet infini de son amour ? et la causalité, desservie par le corps, n'est-elle pas la faculté par où le Cœur se détermine, et exécute les actes nécessaires pour le conduire vers cet objet ?

Si donc la raison et l'intelligence doivent se rattacher quelque part comme à leur centre, n'est-ce pas à celui auquel elles servent de lumière ? et si la volonté et le corps doivent se rattacher quelque part comme à leur source, n'est-ce pas à celui dont elles réalisent les actes ?

Si toutes ces facultés ont été faites pour l'usage du Cœur, n'est-ce pas lui qui s'en sert ? si c'est le Cœur qui se sert de toutes ces facultés, n'est-ce pas en lui qu'est la source de leur exercice et de leur mouvement ? Si c'est dans le Cœur qu'est la source de leur exercice et de leur mouvement, n'est-ce pas en lui qu'est la source de leur vie ?

Conséquemment, le centre vital où viennent converger la raison et la volonté, l'intelligence et le corps, autrement le siége de l'homme, n'est-il pas ce qu'on appelle le Cœur ?

Le Cœur est donc le centre de l'organisme spirituel, l'organe à la recherche duquel nous étions, pour retrouver l'unité de la nature humaine ? Ainsi le Cœur c'est l'homme, c'est-à-dire, cet être doué de la raison et de la volonté, de l'intelligence et du corps.

Avant d'étudier la nature et les fonctions psychologiques du Cœur, faisons-nous une idée de la position dans laquelle il se trouve, ainsi exilé de l'infini : car là est le secret de son caractère, et la clé de toute son histoire.

III. L'homme, étant ainsi séparé de l'être absolu par le fait de la création, tend par un mouvement invincible de sa nature à se rattacher à lui, afin de recouvrer la vie absolue.

Or, ce mouvement de l'être vers l'être n'étant autre chose que l'amour, et l'amour se trouvant dans le Cœur, le Cœur est donc la *rompure* de l'homme, l'endroit par où il a été détaché de Dieu, ce qui saigne après le brisement de l'être.

Delà, si au sortir de son sein, Dieu n'eût pas pris soin d'envelopper sa créature dans les langes de l'enfance, il se fut fait en elle une explosion de douleur que l'homme n'eût jamais supportée.

Ne fallait-il pas, à mesure que son être se délie, que la famille fût toute prête autour de lui pour appaiser les prémices de cette passion divine ?

L'amour qui reste ainsi du côté de la créature après le brisement de l'être, et le besoin douloureux de celle-ci de rentrer dans la félicité, bien loin d'être un inconvénient que redoutât le créateur lorsqu'il fit passer l'être spirituel de l'absolu dans le temps, sont précisément ce sur quoi il comptait pour atteindre le but de sa création.

Car la raison et l'intelligence, la volonté et le corps ne sont que des instruments mis à la disposition de l'homme, et que l'homme conséquemment peut employer ou ne pas employer ; le point capital est donc le mobile qui doit donner une impulsion irrésistible à toutes ces facultés.

Ce mobile est précisément l'amour. C'est l'amour qui embrâse le cœur d'impatience, qui éveille la raison, qui provoque la causalité, et produit tous nos désirs, toutes nos volitions, et tous nos actes.

De sorte que si c'est par la causalité que l'homme fait tout ce qu'il fait, c'est l'amour qui le porte à le faire. Il fallait à l'homme la soif du bonheur pour mettre en marche ce bel organisme dont nous le savons pourvu.

En effet, l'amour est la vie de l'âme, comme le mouvement est la vie des corps ; et l'homme n'est pas plus maître de résister à l'amour que la matière au mouvement.

Aussi, ne forme-t-il pas un désir, n'a-t-il pas une volition, n'accomplit-il pas un acte, que ce ne soit en vue du bonheur. Or, tout acte étant inspiré par l'amour ou le besoin du bonheur, chaque acte de l'homme, qu'il le sache ou qu'il l'ignore, n'est qu'un nouvel effort pour s'approcher de Dieu.

Ce besoin du bonheur, cet amour irrassasié devient donc le moyen par lequel l'être spirituel cherche à remonter dans la sphère absolue : il est la force d'ascension de l'homme.

De même que, dans la nature, nous voyons l'eau conserver sa force de pesanteur pour remonter au point d'où elle est descendue et rentrer dans son niveau naturel ; de même l'homme, avec la puissance d'amour qu'il conserve, doit remonter à la hauteur de son origine et rentrer dans son niveau éternel.

De sorte que c'est sur ce mouvement d'amour vers la vie absolue que Dieu comptait pour que la créature pût revenir d'elle-même vers lui ; aussi ne dépend-il point de l'homme de vouloir ou de ne pas vouloir être heureux. L'homme n'est autre chose que le besoin d'être heureux.

Le bonheur n'est pas seulement le mobile principal de l'homme, il en est le seul mobile ; et ce mobile meut tellement le Cœur que les autres mobiles ne sont mus que par lui.

L'amour n'est pas seulement non plus le sentiment principal de l'homme, il en est le seul sentiment ; et l'amour est si bien le seul sentiment du Cœur que les autres sentiments ne sont tels que par lui.

Si au fond le Cœur n'a qu'un mobile, le bonheur ; qu'un sentiment, l'amour ; au fond il n'aime qu'un seul être, Dieu. Car, c'est tellement Dieu que nous aimons dans tous les objets qui attirent nos Cœurs, que nous les aimons en raison de ce qu'ils possèdent davantage des attributs de Dieu.

Ainsi, dans la nature, l'ordre, le beau, le vrai, ne sont que la manifestation des attributs de Dieu ; dans la famille, l'amour filial, l'amour conjugal, l'amour paternel, ne sont que des éléments de l'amour de Dieu : quand nous aimons la vérité, l'ordre et la beauté, quand nous aimons notre père, notre femme et nos enfants, au fond nous aimons Dieu lui-même.

Les choses qui nous plaisent ici-bas sont celles où règnent l'ordre et la beauté ; et l'ordre et la beauté nous plaisent parce qu'elles nous offrent quelque chose de la nature de Dieu.

Les personnes qui nous plaisent sont celles qui ont pour nous de la bonté et de l'amour ; et celles qui ont pour nous de la bonté et de l'amour nous plaisent parce qu'elles se montrent comme Dieu est à notre égard.

C'est l'infini que l'homme poursuit à travers tous les objets de ce monde. Oui, tout homme, qu'il le sache ou qu'il l'ignore, ne cherche réellement que Dieu. L'homme, c'est l'être qui a besoin de Dieu.

L'homme venant ainsi dans ce monde avec une prédisposition à l'amour de Dieu, et trouvant la nature revêtue des divins attributs de l'ordre et de la beauté, prend la nature pour Dieu ; il lui demande naïvement le bonheur qui doit combler l'amour infini qui le tourmente.

Aussi, lorsque l'homme n'est pas averti de son illusion, il tombe dans la grande erreur du genre humain, parce qu'elle est l'éternelle méprise du Cœur, il tombe dans l'idolâtrie.

Car il y a deux sortes d'idolâtries : l'idolâtrie innocente, qui naît de l'ignorance de l'esprit ; et l'idolâtrie coupable, qui naît de la faiblesse du Cœur. L'une est celle des premiers âges du monde ; l'autre est celle où se trouvent encore nos Cœurs aujourd'hui.

En effet, nous nous portons vers les objets de ce monde comme s'ils pouvaient nous rendre heureux, c'est-à-dire que nous prenons ces objets pour Dieu : car c'est les prendre pour Dieu que de chercher en eux le bonheur.

Ce n'est point par surabondance d'amour que nous nous jetons à la poursuite des objets de ce monde, nous n'avons jamais trop d'amour ; tout péché n'est qu'un amour mal placé.

Le mal, pour l'homme, n'est donc pas de trop désirer le bonheur, mais de le désirer trop tôt, mais de le désirer sur la terre ; c'est-à-dire de vouloir ce que Dieu a cherché à nous faire éviter : la possession du bien-être avant que nous ayons constitué notre être.

Or, pour constituer notre être, n'était-il pas nécessaire que la créature libre et raisonnable fût soumise à la plus forte épreuve à laquelle on peut exposer l'être, à savoir : de le tenir séparé du bien-être ?

Ainsi, il fallait tout à la fois, et que les objets de ce monde eussent assez de charme pour attirer le Cœur de l'homme, et que l'homme eût assez de force pour leur résister et porter ses préférences sur Dieu.

De sorte que la matière se trouvant jetée entre Dieu et nous, comme un rideau tiré sur les splendeurs infinies, l'homme, au milieu de la nature, nous offre exactement l'image du papillon surpris derrière la vitre qui l'empêche de pénétrer vers le jour.

Mais quand une fois la pensée de l'homme a percé les voûtes de la création, et que son âme approche du sanctuaire de la Beauté éternelle, la nature n'a plus de charme à ses yeux.

Et lorsque la plus douce des séductions de la terre s'offre à lui, elle ne fait que réveiller plus vivement en son âme le besoin qu'il a de Dieu. Les beautés de la création lui font venir au Cœur la soif des choses immortelles.

Alors, l'homme comprend que si Dieu veut que nous l'aimions de tout notre Cœur, c'est parce qu'il est à l'infini tout ce qui attirait nos Cœurs sur cette terre.

Telle est la démonstration ontologique de l'existence du Cœur, c'est-à-dire tel est l'organe auquel, en partant des lois de l'absolu, nous avons été conduits comme à l'élément fondamental de la nature humaine ; nous allons maintenant partir de l'observation des faits que nous offrira la nature humaine vue du temps, pour entrer dans la preuve psychologique. . . . .
. . . .
. . . .
. . . .

www.ingramcontent.com/pod-product-compliance
Lightning Source LLC
LaVergne TN
LVHW021001090426
835512LV00009B/1999